Ricardo Coler
Das Paradies ist weiblich

Ricardo Coler

# Das Paradies ist weiblich

Eine faszinierende Reise
ins Matriarchat

*Aus dem argentinischen Spanisch
von Sabine Giersberg*

Die Originalausgabe mit dem Titel
»El reino de las mujeres. El último matriarcado«
erschien 2005 bei Planeta, Buenos Aires.

ISBN 978-3-378-01103-8

Gustav Kiepenheuer ist eine Marke
der Aufbau Verlag GmbH & Co. KG

1. Auflage 2009
© Aufbau Verlag GmbH & Co. KG, Berlin 2009
© 2005, Grupo Editorial Planeta S. A.I.C
Fotos im Innenteil © Ricardo Coler
Karte © Rainer Fischer
Einbandgestaltung capa, Anke Fesel
Druck und Binden CPI Moravia Books, Pohořelice
Printed in Czech Republic

www.aufbau-verlag.de

In einer matriarchalischen Gesellschaft haben die Frauen das Sagen. Ihr unumstrittenes Regiment prägt die Sitten und Gebräuche in besonderer Weise: Während meines Aufenthaltes in China, bei den Mosuo, habe ich selbst erleben dürfen, was dieser Umstand für das Rollenverständnis von Mann und Frau, für Familie und Arbeit, Liebe und Sexualität, Politik und sozialen Frieden in einer Gemeinschaft von etwa 35 000 Menschen bedeutet.

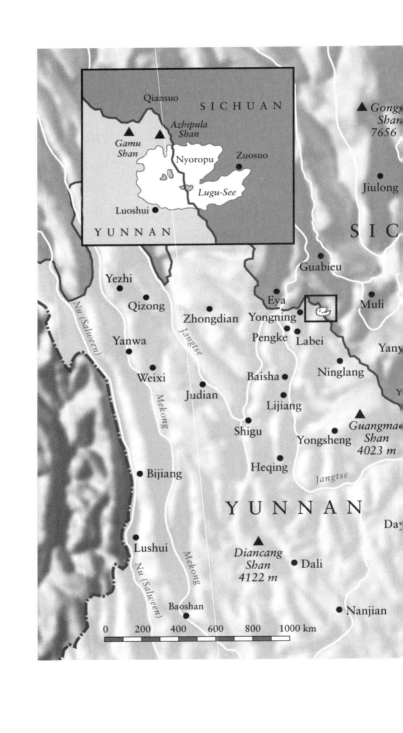

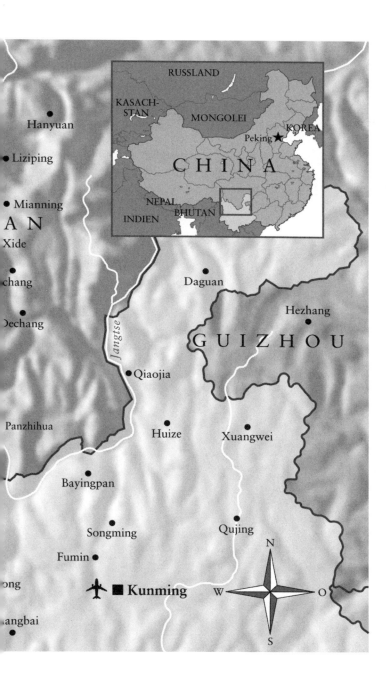

# 1

Nach sechs Stunden Fahrt über einen holprigen Gebirgspass hält Dorje, ein fülliger Tibeter in den Dreißigern mit üppigem Haar, den Jeep an. Wir befinden uns in mehr als 3000 Meter Höhe, herabgestürzte Felsbrocken versperren uns den Weg, und zu unserer Linken lauert der Abgrund. Dorje steigt aus, um zu prüfen, ob und wie man dem Geröll ausweichen könnte. Ich beobachte ihn, wie er ein paar Schritte in diese, dann in jene Richtung macht, wie er in die Hocke geht, kritisch in den Schlamm fasst, den Kopf nach vorne fallen lässt und einen Augenblick reglos vor den Steinen verharrt – dieser Mann hat so gar nichts von einem tibetanischen Mönch, wie ich ihn mir vorgestellt habe.

Schließlich kommt er entschlossen zum Wagen zurück. Beherzt lässt er den Motor an und gibt Gas. Eines der Räder hängt frei in der Luft. Ich halte den Atem an und lehne mich, die Hände fest um den Rucksack geklammert, mit meinem ganzen Gewicht zur anderen Seite. Ich weiß nicht wie, aber wir schaffen es und lassen die Hürde glücklich hinter uns.

Der Ort, zu dem wir unterwegs sind, heißt Luoshui und ist auf meiner Karte nicht eingezeichnet – ein eigenartiges Gefühl, sich auf diesem Höhenweg in einem Geländewagen durchrütteln zu lassen, um an einen scheinbar nicht existierenden Punkt zu gelangen. Dabei erinnere ich mich gut an Luoshui, ein malerisches Dorf an den Ufern des Lugu, eines der größten Gebirgsseen von ganz Asien; ein Ort, an dem man eines der letzten Matriarchate dieser Welt bewundern kann: Hier leben die Mosuo, und bei den Mosuo ist man im Reich der Frauen.

Vor knapp einem Jahr bin ich schon einmal in Luoshui gewesen, und als ich mich damals verabschiedete, wusste ich, dass ich wiederkommen würde. Ich war fasziniert von dieser Gesellschaft, in der die Frauen das Sagen haben, ihre Sitten und Gebräuche stellten alles in Frage, was für mich bis dahin logisch und erstrebenswert, schlicht die natürliche Ordnung der Dinge zu sein schien. Die Vorstellung, dass der Mann herrscht? Nicht in diesem Dorf. Dass es in der Natur der Frau liegt, heiraten zu wollen? Mitnichten. Dass man dem Vater Respekt zollen muss? Welchem Vater?

Diesmal bin ich darauf eingerichtet, eine Zeitlang mit den Mosuo zu leben, sie zu interviewen und mit Muße dem auf den Grund zu gehen, was mich bei meinem ersten Besuch auf unerklärliche Weise so fesselte und bewegte.

Die Mosuo sind eine Gemeinschaft von fünfunddreißigtausend Menschen, in der die Frauen bestimmen, wo es langgeht, und Privilegien genießen, die den Männern versagt bleiben. Eine Art Paradies der Frauenbewegung. Ein Beispiel dafür, wie die Wirklichkeit aussehen kann, wenn die Spielfiguren einmal anders aufgestellt sind.

Was passiert, wenn eine Gesellschaft nicht von Männern geführt wird und Männer nicht die Hauptnutznießer sind? Wie verändern sich die Beziehungen zwischen den Geschlechtern? In Luoshui ist die Frau nicht durch eine vom Machismo geprägte Erziehung konditioniert, hier gibt es kein schwaches Geschlecht.

Ich selbst bin in einer genuin patriarchalischen Gesellschaft aufgewachsen. Wenn allerdings die Prognosen stimmen, dass in den westlichen Gesellschaften die Position des Mannes immer schwächer wird, kann es nicht schaden, sich schon jetzt damit vertraut zu machen, wie ein Matriarchat funktioniert.

Von Peking aus, wo ich vor vier Tagen gelandet bin, habe ich das Land einmal durchquert, um schließlich Kunming zu erreichen, die Hauptstadt der weitläufigen Provinz Yunnan. Im 13. Jahrhundert war die offizielle Währung in dieser Stadt die Meeresmuschel. Marco Polo berichtet in der Chronik seiner Reisen, dass vierzig Meeresmuscheln einer venezianischen Währungseinheit entsprachen. Der Wechselkurs muss günstig für die chinesischen Kaufleute gewesen sein, denn Kunming florierte. Heute gilt »die Stadt des ewigen Frühlings«, wie sie wegen ihrer beständigen milden Temperaturen heißt, als kommerzielles Zentrum von Yunnan und verfügt über eine stattliche Anzahl von Fünf-Sterne-Hotels.

Weiterfliegen konnte ich von Kunming aus nur bis Lijiang, wo ich von Dorje, dem Fahrer, und Lei, meinem Dolmetscher, erwartet wurde. Zu zweit hielten sie ein improvisiertes Schild hoch, auf dem fehlerhaft mein Name geschrieben stand – was sich als vollkommen überflüssig erwies, denn ich war der einzige Nicht-Asiate im ganzen Flughafen.

Die Altstadt von Lijiang teilt ein Fluss, der wegen der Schneeschmelze immer kaltes Wasser führt, und sie ist durchzogen von engen Kopfsteinpflastergassen und Kanälen, die an manchen Stellen direkt vor den Häusern vorbeifließen. Dort sieht man die Bewohner Töpfe und Geschirr in dem stetig fließenden Wasser abspülen, die Hände blau von der Kälte. In der Tür eines dieser Häuser steht eine alte Frau mit riesiger Pfeife im Mund und zwei großen Weidenkörben auf der Schulter. Alter, Sonne und Bergluft haben ihr Gesicht gegerbt, kein Millimeter ist faltenlos. Sie bläst den Rauch in die Luft und grüßt mich.

Die Provinz Yunnan weist weltweit die größte Konzentration an ethnischen Minderheiten auf. Es gibt hier mehr muslimische Chinesen mit weißen Wollmützen als Araber in ganz Saudi-Arabien. Die Naxi erkennt man an ihren blauen Schürzen, die Lisu überqueren, an einem Seil hängend, den Nujiang und kommen zum Einkaufen her, und die mit den roten Blumen an den Beinen, das sind die Bai-Mädchen. Die geschäftigen Zhuan tragen im Vergleich zu anderen Landsleuten immer das Doppelte an Gewicht auf ihren Schultern – ich weiß nicht, ob sie ihre Arbeit in der Hälfte der Zeit erledigen wollen oder ob sie vorsichtshalber stets das Doppelte von dem mitnehmen, was sie benötigen. Die Yi, wohl die zahlreichste Minderheit, sind auch schon von weitem unübersehbar: Die Frauen, bekleidet mit weißem Hemd und roter Weste, tragen schwarze Hüte von ungefähr einem Meter Durchmesser, die aussehen wie Dächer. Sie senken den Kopf, um fremden Blicken auszuweichen. Der Fremde bin ich. Unter all den traditionell gekleideten Menschen bin ich mit Cargo-Hose, Reisehemd und Fotografenweste in diesem Teil von China eindeutig der exotischste Vogel und zweifellos der mit den meisten Taschen.

Inzwischen haben wir die Zivilisation hinter uns gelassen. Eine Stunde ist vergangen, seit wir uns auf dem Gebirgspass einen Weg durch die Felsbrocken gebahnt haben, jetzt befinden wir uns im Land der Yi. Am Straßenrand entdecke ich immer wieder dunkel gekleidete Frauen mit zurückgebundenem Haar und sogar kleine Mädchen, die sich, schwer beladen mit Körben voller Holzscheite, den Berg hinaufkämpfen – als wäre das Lastentragen Teil der weiblichen Natur.

Dorje und Lei verstricken sich in ein offenbar hochinteressantes Gespräch auf Mandarin, stundenlang diskutieren sie, bis irgendwann hinter einer Kurve der Lugu-See vor uns auftaucht.

Das Panorama ist überwältigend: ein himmelblauer Spiegel aus stillem Wasser mit ein paar Inseln. Am liebsten würde ich aussteigen und mich ganz und gar in die Betrachtung dieser Naturschönheit versenken.

Endlich erreichen wir Luoshui. Vor dem Haus, in dem ich untergebracht sein werde, empfängt mich eine freundliche Dame und zeigt mir, wo ich mein

Gepäck abstellen soll. Nach und nach finden sich die anderen Bewohner des Hauses ein und beäugen mich neugierig, aber auch misstrauisch. Sie sprechen mit Lei und zeigen auf mich. Derweil sehe ich mich ein wenig um und gewahre, in gebührendem Abstand gegen einen Pfeiler der Galerie gelehnt, die Matriarchin. Zu meiner Überraschung ist es eine junge Frau. Mit ernstem Gesichtsausdruck und einem kurzen Kopfnicken begrüßt sie mich.

## 2

Es existieren nur noch einige wenige Matriarchate auf der Welt. Und sie sind vom Aussterben bedroht.

Eine dieser weiblich geprägten Gesellschaften ist die der Nagovisi auf der Insel Bougainville vor Papua-Neuguinea im Norden Australiens. Die Ländereien sind ausschließlich im Besitz von Frauen, und die Männer sind von den landwirtschaftlichen Erträgen ihrer Frauen abhängig. Die Ehe besteht dort im Wesentlichen darin, mit der Frau das Bett zu teilen und ihr bei der Landarbeit zu helfen. Niemals wird den Männern dieses Land (oder irgendein anderes im Dorf) gehören. Sie dürfen lediglich für die Frauen arbeiten. Wenn bei den Nagovisi ein Paar streitet, so heißt es, darf die Frau dem Mann die Frucht ihres Baumes verweigern. Sollte sich die Sache länger hinziehen, bleiben also nur noch Scheidung oder Hungertod. Doch das ist eine äußerst seltene Extremsituation. Gemeinhin werden die Nagovisi als sehr zufrieden mit ihrem Leben in der Gemeinschaft beschrieben.

Ein weiteres Beispiel sind die Minangkabau im Westen Sumatras. Dort erwirbt man durch Mutterschaft den höchsten Rang in der Familie. Die Frauen haben für Nahrung, Unterkunft sowie Schulbildung ihrer Kinder zu sorgen. Als unumschränkte Herrinnen über die Finanzen haben sie – und nur sie - den Schlüssel für das Haus, in dem sich der Familienbesitz befindet.

Im Nordosten Indiens, im Bundesstaat Meghalaya, umgeben von Bangladesch, Bhutan und Birma, findet man die Khasi. Ihre Kultur unterscheidet sich maßgeblich von der ihrer indischen Landsleute. Sie sind in Stämmen organisiert, die ihrerseits aus Sippen und Clans zusammengesetzt sind; die Zugehörigkeit zu einer Sippe richtet sich nach den Regeln der Matrilinearität – eines Systems, das verwandtschaftliche und sonstige Rechtsverhältnisse über die Abstammung von der Mutter bildet. Der Familienname ist stets auf die Mutter zurückzuführen, als Erben sind die Töchter eingesetzt, und wenn eine Familie nicht genügend Geld hat, alle Kinder auf die Schule zu schicken, gehen die Jungen leer aus. Bei den Khasi bekommt man so viele Kinder, bis endlich das ersehnte Mädchen geboren wird. So bleibt der Clan erhalten. Im Übrigen gelten sie als sehr liebenswürdig, gastfreundlich und gutgelaunt (mir scheint, dass die unterschiedlichen Matriarchate vor allem eins gemeinsam haben: die gute Laune ihrer Mitglieder).

Sowohl für die Nagovisi als auch für die Khasi ist der weibliche Körper der Inbegriff der Kräfte der Natur, des Lebens. Die Frau wird mit der Sonne gleichgesetzt, wegen ihrer strahlenden Erscheinung und ihrer Glut, die Begehren erzeugt.

Der indische Bundesstaat Meghalaya ist vermutlich die einzige Region auf der Erde, wo es eine männliche Befreiungsbewegung gibt: »Synkhong Rympei Thymmai«, die »Gesellschaft des Neuen Herzens«. Sie zählt mehr als tausend Mitglieder, die sich zusammengeschlossen haben, um ihre Rechte einzufordern und weil sie sich in ihrer eigenen Familie nicht akzeptiert fühlen. Ihre Anführer, eine Gruppe von Universitätsstudenten, erinnern an die Demütigung ihrer Väter durch ihre Mütter. Die sogenannte Schwesternversammlung, eine Art Familiengericht, das Ehemänner des Hauses verweisen kann und ihnen dabei unter Umständen nicht einmal die Gnade zugesteht, sich von den Kindern zu verabschieden, ist das meistangeführte Beispiel. Der Mann rangiert in der Hierarchie ganz unten.

Unterstützt wird die »Gesellschaft des Neuen Herzens« von der katholischen Kirche, die ein großes Interesse daran hat, die Position der Männer zu stärken und möglichst viele Schäflein unter den

Gegnern der weiblichen Vorherrschaft für sich zu gewinnen. Es ist sehr schwierig für das Christentum, eine Religion mit einem Gottvater, in matriarchalische Strukturen hineinzuwirken. Niemand wird den Herrn fürchten, wenn zu Hause eine Frau das Sagen hat.

Die Mosuo stammen ursprünglich aus Tibet, erst kurz vor Beginn der christlichen Ära wanderten sie in die Gegend um Luoshui aus. Im 13. Jahrhundert, vor der Gründung der Yuan-Dynastie, als deren erster Kaiser er unter dem chinesischen Namen Shizu herrschte, durchquerte Kublai Khan dieses Gebiet an der Spitze der Truppen des mongolischen Heeres. Der Legende nach waren seine Krieger in der Lage, einen ganzen Feldzug auf dem Rücken ihrer Pferde abzuleisten, sie aßen und schliefen sogar, ohne einen Fuß auf die Erde zu setzen. Als Kublai seinen Reitern nach mehreren Monaten zu Pferd endlich erlaubte, abzusteigen, sich auszuruhen und sich an den Gewässern der Region von Luoshui zu laben, war die Erleichterung groß – nicht nur für die Mongolen, sondern auch für die opferbereiten Rosse. Flink nutzten die Reiter außerdem die Gelegenheit, mit den Einheimischen in Kontakt zu kommen. Und sie taten es so ausgiebig, dass die Physiognomie der Mosuo noch heute stark mongolisch geprägt ist.

Ihren Lebensunterhalt verdienen die Mosuo mit Ackerbau und Viehzucht. Darüber hinaus treiben sie Handel mit den benachbarten Dörfern und mit Lijiang, der nächstgelegenen Stadt, von der sie etwa zwölf Stunden Fahrt trennen. Das Klima im Winter ist hart, mehrere Monate lang ist jede produktive Aktivität unmöglich, die weiße Pracht des Schnees hat das Dorf fest im Griff.

# 3

Was hat mich hierher geführt?, frage ich mich, als ich endlich auf einer Pritsche in meinem Gastzimmer sitze, vor mir das noch unangetastete Gepäck. Ich wohne in einem für diese Gegend typischen Haus: Es ist aus Holz gebaut und verfügt über ein Erdgeschoss und ein weiteres Stockwerk. Die Zimmer gruppieren sich um einen überdachten Innenhof, auf den die Fenster hinausgehen. Meines ist offen, so dass ich deutlich die Stimme der Matriarchin vernehme, die ihre strengen Befehle erteilt. Sie heißt Yasi, ist, wie ich bereits erwähnte, auffallend jung, aber auch auffallend attraktiv und auffallend energisch und hat mich offenbar völlig vergessen, nachdem sie sich vergewissert hatte, dass ich gut untergebracht bin.

In einer Ecke des Hofes sitzen zwei Männer. Schnurstracks marschiert die Matriarchin mit ausgestrecktem Arm auf sie zu und herrscht sie lautstark an. Die Kerle springen auf, schnappen sich jeder einen Korb und rücken ab.

Als wieder Ruhe einkehrt, wage ich, den Kopf aus dem Fenster zu stecken. Keiner mehr da, auch die Matriarchin ist verschwunden. Also traue ich mich in den Hof und erkunde das Terrain. Die Außenwände sind in Rot-, Blau- und Gelbtönen gestrichen. Wie bei einer Pagode haben die vorragenden Gesimse und Dächer spitze, nach oben gezogene Enden. Sie sehen aus wie türkische Pantoffeln. Die Tür zur Straße ist der Haupteingang, durch den soeben zwei mit Körben beladene Männer gesenkten Hauptes das Haus verlassen haben.

Ich schlendere zum ältesten Gebäudeflügel hinüber, dem sogenannten traditionellen Haus. Auf dem Boden in der Mitte eines großen Raumes brennen den ganzen Tag über Holzscheite. Die Feuerstelle ist in jedem Mosuo-Haushalt von zentraler Bedeutung. Und natürlich ist die Frau dafür verantwortlich, dass das Feuer nie ausgeht.

Die Wände um das Feuer sind verrußt, und in der Decke befinden sich fingerbreite Ritzen, durch die der Rauch entweichen kann. In diesem Teil des Hauses ist es immer warm. Hier wird gekocht, in riesigen gusseisernen Töpfen, und später auch gegessen. Auf einem breiten Tisch steht schon das Geschirr bereit, von den Querbalken hängen ganze Schinken herab. In der Nähe des Feuers stehen an privilegiertem Platz zwei mit Lammfellen bedeckte

Bänke. Sie sind besser gepolstert als die übrigen und dienen den älteren Frauen des Haushalts als Schlafstätte. Auf einem dunklen Möbel harrt ein von Opfergaben umgebener Buddha der Gebete. Der Raum ist Küche, Esszimmer, Schlafsaal und Altar zugleich, ein Versammlungsort, an dem sich der größte Teil des Alltags abspielt und wo Besucher mit einer Tasse Buttertee empfangen werden.

Ich gehe wieder hinaus und über den Hof in den gegenüberliegenden Flügel, wo sich die Wohnräume der erwachsenen Frauen der Familie befinden und wo das Liebesleben der Mosuo stattfindet. Während die Männer in den Gemeinschaftsräumen bei ihren Müttern leben, hat jede Frau nach der Initiationszeremonie, die den Eintritt in das Erwachsenenalter markiert, Anrecht auf ein eigenes Zimmer, in das sie sich zurückziehen kann, in dem sie ihre persönlichen Habseligkeiten aufbewahrt und ihre Liebhaber empfängt. Es kommt nur der hinein, dem sie gewillt ist, Einlass zu gewähren. An der Zimmertür ist ein Haken aus Holz angebracht. Dort hängt die Mütze des Begleiters, den sie für die jeweilige Nacht ausgewählt hat. Sie ist das untrügliche Zeichen für jeden, der sein Glück versuchen will, dass die Frau beschäftigt ist und nicht gestört werden möchte.

Eine Besuchsehe hat wenig mit dem zu tun, was man in westlichen Kulturkreisen gemeinhin unter Ehe versteht. Jeder lebt in seinem Haushalt, unter dem Dach der Matriarchin seines Clans. Nur in der Nacht und unter Einhaltung größter Diskretion besucht ein Mann die Frau, mit der er eine Verabredung getroffen hat, in ihrem Zimmer; die Verwandten sollen davon nichts mitbekommen. Über das Sexualleben einer Frau wird nicht gesprochen, Anspielungen darauf, zumal aus dem Mund männlicher Familienmitglieder, sind verpönt.

Vor dem Zubettgehen drehe ich eine letzte Runde zum Ufer des Sees. Dort treffe ich auf eine Gruppe von Freunden, die sich nach dem Abendessen bis Mitternacht hier versammeln. Danach machen sie sich auf den Weg zu ihren Geliebten, wo sie mit einem leisen Klopfen an die Tür darum bitten, empfangen zu werden. Immer ist die Frau diejenige, die empfängt, der Mann muss zu ihr kommen, sie in ihrem Gemach aufsuchen. Das Gegenteil ist tabu.

Die Besuchsehe beinhaltet keinerlei verpflichtende Bindung. Man verbringt eine Nacht zusammen, und nicht zwangsläufig pflegt man darüber hinaus den Kontakt. Wenn ein Treffen nicht zuvor vereinbart wurde, weiß nur der Mann, zu wem er geht. Die Wartende in ihrem Zimmer muss sich überraschen lassen, wer des Nachts an ihre Tür klopft.

Sowohl Männer aus anderen Dörfern als auch Reisende können mit den Mosuo-Frauen eine Besuchsehe eingehen. Aber selbstverständlich entscheiden die Damen, ob sie ihre Tür öffnen oder nicht.

Wenn ein Besucher von weither kommt, ist die Frau stolz darauf, dass die Kunde von ihrer Schönheit offenbar in die Welt getragen wurde. Die Mosuo sind eine Gemeinschaft, die starke, dominante und eigenwillige Frauen hervorbringt, doch attraktiv und verführerisch möchte eine Mosuo wie jede andere Frau auch sein.

Ich mache mich auf den Weg zurück zu meiner Unterkunft und bemerke gerade noch, wie die Matriarchin das Haus durch den Haupteingang verlässt. Als sie längst außer Sichtweite ist, hört man immer noch das Klimpern des von ihrer Hüfte baumelnden Schlüsselbundes.

Von meinem Fenster aus kann ich in eines der Frauengemächer sehen: Ein junges Mädchen sitzt vor einem Spiegel und frisiert sich mit einer silbernen Bürste das schwarze Haar. Sie wiederholt ein jahrhundertealtes Ritual: Auf einem der Stühle liegt ein Kopfputz, das Mädchen nimmt ihn und richtet die drei ihn schmückenden Perlenreihen.

Dann neigt sie den Kopf, um ihn aufzusetzen. Das schwarze Kunsthaar lässt ihr eigenes noch dichter erscheinen. Sie beginnt einen Zopf zu flechten und schaut dabei verträumt aus dem Fenster, das zum See hinausgeht.

## 4

In den ersten Tagen erkunde ich das Dorf. Die Hauptstraße ist nicht asphaltiert und führt am Ufer des Sees entlang. Zwei, drei Häuserreihen – die Gebäude sind aus Holz oder Stein errichtet – säumen sie, dahinter liegt das Ackerland. Noch weiter hinten die Berge. Im Zentrum, mit Blick auf den riesigen Lugu, befinden sich ein Studio für chinesische Medizin und eine Handvoll Geschäfte, am Dorfausgang trifft man auf eine Anlegestelle, wo mehrere Bootsführer ihrer Kundschaft harren. Die umliegenden Ortschaften sind ebenfalls von Mosuo bewohnt, auch auf der anderen Seite des Sees haben sie sich da und dort angesiedelt.

Während ich die Hauptstraße entlangspaziere, kommen mir Pferde, Ziegen und Hühner entgegen, das Vieh büchst hier, wie ich inzwischen weiß, gern mal aus. Eigentlich bin ich auf der Suche nach einem Laden, in dem ich Mineralwasser, Batterien und Kerzen kaufen kann, doch ich lasse mich gern durch das Treiben auf der Straße zerstreuen. Ich versuche mir die Gesichter zu merken, die mir neugierig entgegenblicken, mir die jungen Mädchen einzuprägen, die lachen, wenn ich sie grüße, ich versuche herauszufinden, wer aufgeschlossen genug für ein Interview sein könnte. Ich habe ständig und überall das Gefühl, lächerlich zu wirken, aber ich muss mich zeigen. Wenn ich unbemerkt bleibe, sind meine Chancen, Kontakte zu knüpfen, gleich null. Andererseits habe ich es als Nicht-Asiate natürlich nicht allzu schwer aufzufallen: Die Nachricht von dem seltsamen Fremden an den Ufern des Lugu verbreitet sich im Nu.

So lernte ich gleich am ersten Tag, als Dorje seiner Vorliebe für ausgedehnte Mittagsschläfchen frönte und Lei gerade sein Zimmer einrichtete, Sanshie kennen, sie wohnt im Haus nebenan. Als sie mich aus der Tür treten sah, machte sie mir ein Zeichen, ich solle zu ihr herüberkommen – ohne Lei würden wir uns kaum verständigen können, doch ich folgte ihr trotzdem und trank mit ihr meine erste Tasse Buttertee.

Meine Nachbarin ist zweiundfünfzig und hat ein rundes, freundliches Gesicht. Ich merkte gleich, dass sie ein geselliger Mensch war, und ahnte, dass sie zu einer Schlüsselfigur während meines Aufenthaltes bei den Mosuo werden würde. Es verging nicht ein Tag in Luoshui, an dem ich sie nicht besucht habe. Ich erinnere mich, dass ich beim ersten Mal gar nicht wusste, wie ich mich verabschieden sollte, also tat ich es auf die einzige Art, die mir asiatisch erschien: Ich verneigte mich ein paar Mal, wie es die Japaner tun.

Nichts in dem Dorf deckt sich mit den westlichen Vorstellungen von einem Matriarchat. Manche denken, es handle sich um eine Familien- und Gesellschaftsstruktur mit vertauschten Rollen, so etwas wie ein Patriarchat unter umgekehrten Vorzeichen, wo die Männer die Hausarbeit machen und, während sie den Abwasch erledigen, nebenbei das Kind in den Schlaf wiegen. Man stellt sich vor, dass in der Gemeinschaft sexuelle Libertinage an der Tagesordnung ist und dass es nachts, nach der Anbetung einer Mutter-Göttin und auf Geheiß der Priesterinnen eines mysteriösen Kultes, zu einer Orgie im Mondschein kommt. Dass die Damen in einem Zustand wilder Erregung aufhören, sich wie solche zu benehmen, und sich erbarmungslos auf den ausgezehrten Epheben stürzen, der es leid ist, für die Meinungsbildnerinnen der matriarchalischen Gesellschaft sexy zu sein.

Bilder, die einer der unzähligen abstrusen männlichen Phantasien über das Weibliche entspringen, das sich dem Mann nicht so recht erschließen will.

Als in Europa die Psychoanalyse entstand und

man sich die Frage stellte, was die Frau will – eine Frage, die viele Menschen auf die Couch führte –, gingen auf dem indischen Subkontinent die Kopfjäger unermüdlich auf Beutezug, um dem Wesen der weiblichen Seele auf die Schliche zu kommen. Ein Rätsel, das wie kaum ein anderes auf der Welt den Wunsch weckte, es zu ergründen.

5

Eine Mosuo-Frau wäscht am See. Sie hockt auf einem improvisierten Steg aus einer Holzplanke, die einige Meter in das Wasser reicht. So kann sie, ohne nass zu werden, die Wäsche einseifen, sauberreiben und ausspülen. Von der Hauptstraße kommt eine andere Frau, es ist Sanshie, mit ihrer Wäsche auf sie zu und gesellt sich zu ihr.

Sanshie und Tsie waschen und tauschen sich über die Neuigkeiten im Dorf aus. Am Ende sind sie zufrieden: Sie konnten sich ein Stündchen ungestört unterhalten, und die Arbeit ist auch erledigt.

Sanshie beklagt des Öfteren Tsies Schicksal. »Sie hat nur Söhne«, sagt sie bekümmert. Sogleich fügt sie hinzu, dass sie sich glücklich schätze, denn sie habe drei Töchter bekommen, mit denen sie einen ertragreichen Hof aufbauen konnte.

Zu Tsies Unglück kommt hinzu, dass sie nicht nur keine Töchter, sondern auch keine Schwestern hat. Und die erlaubte Anzahl von Kindern hat sie ausgeschöpft – drei sind bereits ein Privileg.

Die Geburtenkontrolle in China ist äußerst streng. Die Nahrungsmittel müssen für alle reichen, und wenn die Bevölkerung weiter wächst, so die Befürchtung, kommt es zu Hungersnöten. Der Staat erlaubt genau ein Kind. Ein Paar, das zwei Kinder haben möchte, läuft Gefahr, die Arbeit oder die staatlichen Zuwendungen zu verlieren oder eine saftige Strafe zahlen zu müssen. Allein weil die Mosuo als ethnische Minderheit gelten und die Regierung heutzutage am Erhalt der Gemeinschaft interessiert ist, sind ihnen bis zu drei Kinder erlaubt.

Tsie und Sanshie sind gleich alt, aber Tsie wirkt viel älter. Sie lebt allein mit drei Männern, und eine solche Situation würde im Dorf auf Dauer jeden auslaugen. Auch wenn ihre Söhne nützlich waren, als es darum ging, ein komfortables Heim zu errichten, grenzt es doch an einen Alptraum, einen kompletten Haushalt ohne die Unterstützung anderer Frauen schmeißen zu müssen.

In Sanshies Familie hingegen gibt es keine Männer. Sanshie hat weder Brüder noch Söhne. Aber das ist nicht wirklich ein Problem. Sie hat drei Mädchen geboren, die von klein auf gelernt haben, das Zepter zu schwingen, und sie arbeiten hart, damit der Hof prosperiert. Auf dem Feld macht ihnen keiner etwas vor, doch für die schweren Verrichtungen – Holzstämme beischaffen, Zementsäcke schleppen, den Fußboden ebnen oder die Dachziegel sicher anbringen – müssen sie männliche Arbeiter anheuern. Und da Tsies Familie eine der ärmsten im Ort ist, unterbreitet Sanshie ihrer Freundin einen Vorschlag.

Sanshies Tochter ist dreizehn, bald wird die Zeremonie ihrer Initiation in das Erwachsenenleben stattfinden. Bis dahin muss für sie ein eigenes Heim auf dem Familiengrundstück gebaut werden. Einer von Tsies Söhnen könnte auf dem Bau mithelfen. Tsie hätte eine zusätzliche Einnahmequelle, ein wenig Geld, das sie nicht selbst verdienen muss. Es bedarf nur einiger weniger Sätze, und schon sind sich die Freundinnen handelseinig.

In den nächsten Tagen gelingt es mir wieder nicht, Yasi, die Matriarchin, in deren Haus ich wohne, zu interviewen. Immer kommt etwas dazwischen – heute muss sie in ein benachbartes Dorf fahren. Da ich keine anderen Pläne habe, schaue ich, wie so oft, bei Sanshie vorbei.

Tsies Sohn und zwei weitere Männer haben bereits mit den Bauarbeiten begonnen. Die Auftraggeberin Sanshie weiß ganz genau, was sie will. Sie steht in der Mitte des Hofs, die Arme in die Seiten gestützt, und gibt energisch ihre Anweisungen. Wo sich jetzt eine Freifläche befindet, soll noch vor dem ersten Schnee ein Anbau entstehen.

Tsies Sohn, der an einem der Holzgerüste arbeitet, heißt Han Tsie. Han ist sein Vorname und Tsie der Nachname seiner Mutter. Er ist der Geliebte von Li Jien, dem jungen Mädchen, dem ich neulich beim Kämmen zusehen konnte. Nach seinem ersten Arbeitstag ruft Sanshie ihn zu sich, sie will unter vier Augen mit ihm sprechen. Die Matriarchin bittet ihn in den Hauptraum des Hauses, ich darf dabei sein und einen Buttertee mit ihnen trinken.

Mit eingezogenem Kopf betritt Han Tsie den Raum – überall im Dorf sind die Türöffnungen so niedrig, dass man gezwungen ist, sich beim Eintreten zu verneigen. Es ist ein Zeichen von Respekt gegenüber der Familie.

Han Tsie nimmt Platz, man stellt ihm eine Tasse Tee und ein Tellerchen mit Sonnenblumenkernen hin. Als Sanshie mit der dampfenden Kanne zum wiederholten Male auf mich zusteuert, lehne ich dankend ab. Zum Glück sind wir mittlerweile so vertraut, dass es kein Fauxpas mehr ist, wenn ich ihr offen sage, dass ich beim besten Willen nicht noch mehr davon trinken kann.

Die Matriarchin erkundigt sich bei Han nach seiner Mutter. Sie sei Paprika ernten, antwortet der junge Mann. Es ist offenkundig, dass Sanhsie besser über Tsies Leben Bescheid weiß als er. Und so ist es nur noch eine Frage von ein paar Höflichkeitsfloskeln, bevor Sanshie zu ihrem Lieblingsthema überschwenkt.

»Sag, besuchst du ein Mädchen?«

Han lächelt und senkt den Kopf. Auch wenn er es zu verbergen versucht, ist völlig klar, dass er bis über beide Ohren in Li Jien verliebt ist.

Ohne ihm Zeit für eine Antwort zu geben, fügt Sanshie hinzu: »Wenn nicht, dann würde ich dir sehr gern jemanden vorstellen, der dir mit Sicherheit gefallen wird.«

Solche Sätze kenne ich mittlerweile von ihr. Auch mir ist sie schon mit ähnlichen Bemerkungen gekommen, kaum dass wir uns halbwegs verständigen konnten. Ich weiß nicht, wie sie es anstellt, aber immer zaubert sie jemanden aus dem Hut, den sie einem vorstellen möchte. Die Rolle der Vermittlerin macht ihr Spaß, und sie freut sich, wenn sie die Pärchen abends am Seeufer flanieren oder ausreiten sieht.

Der junge Mann schweigt, und Sanshie überreicht ihm schmunzelnd eine Handvoll Yuans. Das ist der mit Tsie ausgehandelte Preis.

Da es in Luoshui keine Ruhetage gibt, verabschieden sie sich bis zum nächsten Morgen. Ich schaue dem achtundzwanzigjährigen Han Tsie nach, wie er mit seinem Arbeitslohn den Weg zum Haus der Mutter einschlägt. Über den Leinenhosen trägt er Stiefel, einen sonnengelben Kasack und einen Hut mit schmaler Krempe. Mit dem Lohn von Sanshie tut er das, was alle Männer im Dorf tun: Er gibt ihn seiner Mutter.

Allerdings braucht Han diesmal selbst ein paar Yuans. Am Abend wird zum Tanz aufgespielt, und wenn er Glück hat, wird Li Jien ihm ein Rendezvous zugestehen, zu dem er keinesfalls mit leeren Händen erscheinen will. Er ist sich sicher: Ein Geschenk wird ihm Tür und Tor zum Herzen der Angebeteten öffnen – und hoffentlich auch zu ihrem Zimmer.

Was machen die Männer im Dorf in einem Fall akuter Geldnot? Sie bitten ihre Mütter um Geld.

# 6

»Sie lädt uns zum Mittagessen ein«, übersetzt Lei. Gleich nach der Begrüßung macht mir Ma La Tsu dieses gastfreundliche Angebot.

»Ich nehme die Einladung sehr gern an«, bitte ich Lei für mich zu antworten.

»Das habe ich schon gesagt.« Lei kennt mich inzwischen gut genug, um mir in solchen Fällen zuvorzukommen.

Ich habe Ma La Tsu in einem Laden in der Hauptstraße kennengelernt, in dem ich eine Flasche Mineralwasser und sie ein Haushaltsgerät suchte. Sie ist schlank, in den Vierzigern, und ich habe sie schon häufiger am Bootsanlegeplatz gesehen. Abends gehe ich dort oft mit meiner Kamera hin, es ist ein beliebter Treffpunkt für alle, die nach getaner Arbeit ein Pläuschchen halten wollen.

Ma La Tsu bin ich noch nie in der Tracht der Mosuo begegnet, und auch heute trägt sie einen grauen Anzug und das Haar zurückgebunden unter einer Mao-Mütze.

Ma La ist die Matriarchin des Tsu-Hauses. Sie hat drei Töchter, und gemessen an anderen, ist ihre Familie nicht sehr groß, insgesamt sind sie zu zwölft.

Als »Familie« bezeichnen die Mosuo direkte Blutsverwandte, die auf demselben Grundstück leben. Oberhaupt des Clans ist die Matriarchin. Bei ihr leben ihre Kinder, ihre Mutter und ihre Geschwister, sowohl die Brüder als auch die Schwestern. Ferner gehören die Kinder der Schwestern dazu und die Enkel. Männer ohne direkte Blutsverwandtschaft mit der Matriarchin gehören zu einem anderen Haushalt und schlafen unter einem anderen Dach. In der Familienstruktur der Mosuo sind Ehemänner, Väter oder Großväter nicht vorgesehen, und tatsächlich ist meist nicht einmal bekannt, von wem man väterlicherseits abstammt.

Mir ist klar, dass ich mich in einem fremden Land befinde und dass ich, wenn ich eine gute Beziehung zu den Einheimischen aufbauen will, sorgfältig auf die Umgangsformen achten muss. Das Problem allerdings ist, dass ich oft genug keine Ahnung habe, worin sie bestehen. So exotisch und liberal die Gemeinschaft der Mosuo anmuten mag, bei Verstößen gegen ihre Gepflogenheiten reagieren sie sehr empfindlich, und sie beobachten genau, wie ein Besucher sich ihnen gegenüber verhält.

Gern bieten sie einem Fremden eine Unterkunft für die Nacht, und gern teilen sie mit ihm ihre Geschichten und Mahlzeiten, doch ist derjenige, der mit Geschenken anreist, eindeutig willkommener als ein Gast, der nur mit einer Unmenge Fragen und leeren Händen vor der Tür steht.

So weit war ich schon, als ich meine Reise hierher vorbereitete. Fieberhaft überlegte ich damals, welche Präsente ich mitnehmen könnte, und dabei wurde mir bewusst, welcher schweren Aufgabe ich mich zu stellen hatte. Immerhin werden in China weltweit die meisten Billigsouvenirs hergestellt, keine Chance, da mitzuhalten und meine Gastgeber auch noch zu überraschen. Außerdem sollten die Geschenke im Idealfall etwas über mein Heimatland aussagen, denn schließlich wollte ich ja umgekehrt, dass die Mosuo mir von ihrem Land erzählten. Am besten wäre natürlich ein Geschenk für jede Gelegenheit, dachte ich. Aber wie sollte ich das nur platzmäßig bewerkstelligen? Und schleppen musste ich das Zeug schließlich auch.

Plötzlich sagte ich mir: Warum nicht den Tango verschenken? Er ist leicht zu verstauen, typisch argentinisch, und ich kann ihn so oft präsentieren, wie ich will. Wenn mir die Souvenirs ausgehen, bleibt immer noch die Milonga. Das Vorhaben hatte nur einen Haken: Ich musste erst noch lernen, den Tango zu tanzen.

Rhythmus ist nicht gerade eine meiner Stärken, doch ich vertraute darauf, dass die Bewohner im Südwesten Chinas meine dilettantischen Tanzversuche für den typischen Stil der Tangueros am Río de la Plata halten würden.

Es war nicht ganz einfach, den Leuten bei uns zu vermitteln, warum ich den Frauenschritt einstudieren wollte, aber wenn ich den Tango bei den Mosuo vorführen wollte, blieb mir wohl nichts anderes übrig.

Eines Samstagabends überrumpelte mich meine Tanzpartnerin – eine Brünette, die mich überragte und mit der ich die »base« übte –, als sie fragte: »Warum willst du eigentlich Tango lernen?«

Ich war drauf und dran, sie in meine Pläne einzuweihen, ihr zu erzählen, dass ich eine Reise nach China in ein Matriarchat plante und gewissermaßen ein Stück unserer Kultur importieren wollte. Und da bekanntlich im Tango der Mann mit festem Griff führt, erschien es mir sinnvoll, eine Variante zu erlernen, mit der auch eine Matriarchin klarkäme.

Doch dann sagte ich lediglich: »Keine Ahnung, ist doch jetzt in Mode, oder?«

Als ich mit meinem Rucksack durch die niedrige Eingangstür in das Haus von Ma La Tsu trete, muss auch ich erst mal den Kopf senken. Ma La Tsu bittet mich näherzutreten und bietet mir einen Platz am Feuer an. Auf der Kochstelle über dem Feuer steht ein dampfender Topf, den ein junges Mädchen im Blick hat, während sie weitere Vorbereitungen für das Essen trifft.

Plötzlich höre ich ein Lied, hohe, spitze Töne, die, wie ich eine Sekunde später begreife, eine Freundin der Hausherrin ankündigen. Die beiden Frauen umarmen sich, und offenbar erklärt Ma La Tsu, was ich in ihrem Haus zu suchen habe. Ein Weißer im Dorf, das ist eine Sensation. Ihn zum Essen einzuladen, gehört für sie zum guten Ton. Die Angekommene jedenfalls lächelt und grüßt mich.

»Kennen Sie sich schon lange?«, frage ich.

»Seit ewigen Zeiten«, antwortet Ma La Tsu. Sie blicken sich an. »Eine Freundin gehört sozusagen zur Familie. Wir sehen uns jeden Tag, und ich wollte unbedingt, dass sie bei unserem Treffen dabei ist. Schließlich haben wir nicht oft die Ehre, so weitgereiste Gäste zum Essen zu empfangen.«

Ich bin überrascht, wie liebevoll sie miteinander umgehen. Überhaupt ist mir die innige Beziehung unter den Frauen im Dorf aufgefallen, sie halten sich an der Hand, richten sich gegenseitig den Kopfschmuck, lachen und scherzen miteinander; in der Gruppe haben sie beinahe etwas Übermütiges. Diese Art der herzlichen, zärtlichen Freundschaft unter Frauen ist fester Bestandteil in der matriarchalischen Gesellschaft der Mosuo. Nie habe ich gehört, dass die eine schlecht über die andere geredet hätte. Nicht einmal wenn es in ihren Gesprächen um Männer geht, konnte ich auch nur eine Spur von Rivalität entdecken.

Ma La Tsu stellt ein Schälchen mit Sonnenblumenkernen auf den Tisch und reicht mir ein gelbliches Getränk, dessen Existenz mir bis zu diesem Augenblick verborgen geblieben war.

»Zulima«, sagt sie.

Die Zulima ist mild, leicht süßlich und enthält Alkohol. Sie stellen sie selbst her, es ist eine Spezialität des Ortes.

Zwei Männer kommen herein und neigen zur Begüßung den Kopf, ich tue es ihnen gleich. Sie müssen zwischen dreißig und vierzig Jahre alt sein, tragen Feldarbeitshosen, einen breiten Gürtel und einen Kasack. Der jüngere hat ein kleines Kind von höchstens zwei Jahren auf dem Arm. Es ist der Sohn seiner Schwester, ein pausbäckiges Kerlchen, das sie übertrieben warm eingepackt haben. Ich stelle erstaunt fest, dass seine Hose hinten offen ist, so dass sein nacktes Hinterteil herausschaut. Diese Sitte ist nicht nur auf die Gemeinschaft der Mosuo beschränkt, sie ist in ganz China verbreitet: Sobald die Kinder in das Alter kommen, in dem sie trocken sein sollten, gewöhnt man ihnen mit dieser Methode das Windeltragen ab. Und es scheint zu funktionieren, jedenfalls ist mir noch kein erwachsener Chinese begegnet, dessen Hose hinten nicht geschlossen gewesen wäre.

Auf Anweisung von Ma La Tsu folgt ihr einer der beiden Männer in einen angrenzenden Raum, die Speisekammer. Auf Holzregalen liegen sechs oder sieben nach Mosuo-Art zubereitete Schweine, genannt *zhubiaorou*: Das Tier wird geschlachtet, ausgeweidet, entbeint und mit Zwiebeln, Knoblauch, Ingwer und weiteren Gewürzen gefüllt. Dann wird es zugenäht und an einem kalten, trockenen Ort aufbewahrt, damit es natürlich trocknet. Zehn Jahre lang. Bevor man es auftischt, wird es mit einem Messer abgeschabt und mit heißem Wasser gewaschen. Der Bruder von Ma La Tsu bittet mich, ihm zu helfen, eines herunterzuholen. Es ist schwerer, als es aussieht. Wir legen das Tier auf den Boden, und er schneidet Stücke heraus, die vor dem Servieren nur kurz aufgekocht werden.

Dem Gast *zhubiaorou* zu servieren, ist eine besondere Ehrerweisung. Man legt mir fünf Stück reines Fett von einem seit zehn Jahren toten Schwein auf den Teller – ich werde sie aufessen, klare Sache. In diesem Moment bedaure ich, dass ich nicht fließend Chinesisch spreche, um mich gebührend bedanken zu können.

Insgeheim hatte ich erwartet, dass die Männer hier die Hausarbeit erledigen oder zumindest das Geschirr spülen würden, aber nein, die Frauen kümmern sich um die Gäste. Sie reichen mir mit beiden Händen eine Schüssel und senken den Blick, das ist die Aufforderung, mich zu bedienen. Derweil essen die Männer und achten darauf, dass der Kleine nicht zu nah ans Feuer tritt.

»Wie ist die Hausarbeit aufgeteilt?«, frage ich Ma La Tsu.

»Gar nicht, wir Frauen machen die ganze Arbeit. Das ist uns lieber, so geht es schneller und besser.«

Ich vermute, dass das nicht der einzige Grund ist, hier geht es nicht allein um eine praktische Frage, sondern um Anstand und Respekt: Indem sie mir das Essen servieren oder darauf achten, dass mein Glas stets gefüllt ist, geben sie mir das Gefühl, dass mir ihre ganze Aufmerksamkeit gehört. So resolut sie bei der Arbeit ihre Befehle erteilen – beim Essen bedient die Frau den Mann. Und nicht etwa nur den geladenen Gast, diese Regel gilt für alle Männer im Haus. Sie, die Chefinnen und Hausherrinnen, haben sich diese Aufgabe bewusst vorbehalten. Ich bin kurz verwirrt: Nichts lässt vermuten, dass dieses Mittagessen in einer matriarchalischen Gemeinschaft stattfindet. Zumindest nicht in einer, wie ich sie mir ausgemalt hatte.

Als abgeräumt wird, krame ich ein paar Mitbringsel aus meinem Rucksack hervor.

»Diese Postkarte zeigt eine Region im Süden meines Landes, dort gibt es genau solche Seen wie den Lugu.«

Eingehend betrachten sie das Foto vom Nahuel Huapi und stellen es dann auf ein Bord.

»Und das hier ist eine Mate-Kalebasse und die dazugehörige Bombilla.«

Sie nehmen beides in die Hand und bedanken sich.

Ich hole tief Luft und sage: »Wir haben auch einen Tanz, den Tango. Wir könnten uns die Kassette anhören, und wenn Sie wollen, kann ich Ihnen irgendwann ein paar Schritte zeigen.«

Sie stimmen sofort begeistert zu. Ma La Tsu schafft einen Kassettenrekorder herbei und legt das Band ein.

Und so ertönt in Luoshui, der matriarchalischen Enklave nahe Tibet, *La Yumba* von Altmeister Pugliese.

# 7

Am nächsten Morgen schaue ich bei Tsie vorbei, die völlig versunken an ihrer Singer-Nähmaschine sitzt. Mit einem roten Faden im Mund tritt sie eifrig das Pedal aus schwarzem Eisen und lässt das Ende eines gelben Stoffteiles unter der Nadel entlanggleiten – es sind die letzten Stiche an einem Kasack. Ich grüße sie und frage, ob sie all ihre Sachen selbst näht.

»Ja«, erwidert sie, und Lei übersetzt für mich, »aber dieser Kasack ist für Sanshies Tochter. Es ist ein Geschenk für ihre Initiationszeremonie, die in ein paar Tagen stattfindet. Die Kleidung hat besondere Bedeutung, durch sie unterscheidet sich das Kind vom Erwachsenen.«

»Darf ich an der Zeremonie teilnehmen?«

Tsie schaut auf und lächelt, gibt mir aber keine Antwort. Sie konzentriert sich wieder auf die Näharbeit und sagt etwas zu Lei. Der grinst mich an und klopft mir auf die Schulter, die erste freundschaftliche Geste, seit wir gemeinsam unterwegs sind.

Die Mosuo feiern keinen Geburtstag, für sie gibt es nur drei Anlässe, die festlich begangen werden: der erste Lebensmonat, der Eintritt in das Erwachsenenalter und die Beerdigung. Da sie von der ersten Feier nichts mitbekommen und von der letzten erst recht nichts, stellt der Initiationsritus das einzige Fest zu ihren Ehren dar, an dem sie aktiv teilnehmen.

In wenigen Tagen wird Sanshies Tochter Sinshie nicht mehr als junges Mädchen angesehen, sondern als Frau; damit wechselt sie in einen höheren sozialen Status, und im Unterschied zu den Jungen in diesem Alter verändert sich ihr Leben radikal.

Lei begleitet mich zu Sanshie, die voll und ganz damit beschäftigt ist, Lederstiefel anzufertigen. Obwohl ich sie nahezu täglich besuche und sie mir schon so oft von den neu entstehenden Räumlichkeiten für ihre jüngste, bald erwachsene Tochter erzählt hat, erwähnte sie nie, wann genau die Initiationszeremonie begangen würde.

Über Lei lasse ich sie wissen, dass es mir sehr viel bedeuten würde, dabei sein zu können. Sanshie sieht mich ungerührt an. Ich solle mich ein wenig gedulden, rät sie mir schließlich, ich würde in absehbarer Zeit eine Antwort erhalten. Ich habe das Gefühl, unhöflich gewesen zu sein.

An Sinshies großem Tag finden wir uns im

Hauptraum des Hauses ein, um Buttertee zu trinken. Habe ich schon erwähnt, wie er zubereitet wird? In einen Topf mit Teesud wird durch Entrahmung von frischer Milch gewonnene Butter gegeben. Das Ganze wird kräftig gewürzt und dann mit einem langen Holzrohr umgerührt, bis die Flüssigkeit schaumig ist. Unter großer Anstrengung würge ich drei Tassen des Getränks hinunter, um bei Sanshie zu punkten, doch sie ist mir ihre Antwort auf mein Ansinnen bisher schuldig geblieben.

Nach dem Frühstück begeben wir uns zum Familienaltar, um die Götter zu ehren. Sinshie steht schweigend in unserer Mitte und nimmt die Gaben entgegen; sie wartet ab, bis alle sitzen, und steht dann auf, um allein nach tibetischem Brauch vor dem Abbild Buddhas zu beten: Sie hebt die Hände über den Kopf und legt die Handflächen aufeinander, senkt die Hände erst bis zur Stirn und dann bis zur Brust hinab. Schließlich lässt sie sich langsam zu Boden gleiten, bis sie ausgestreckt auf dem Bauch liegt. Als ich gerade denke, das Ritual sei nun beendet, beginnt sie von neuem.

Die weiblichen Familienmitglieder und die engsten Freundinnen der Matriarchin kommen mit Paketen herein. Ich weiß, dass in wenigen Minuten die Zeremonie des Kleiderwechsels stattfinden soll, was ich immer noch nicht weiß, ist, ob ich daran teilnehmen darf.

In diesem Augenblick tippt Lei mir auf die Schulter.

»Ich habe mit Sanshie gesprochen, du kannst dabei sein, aber du musst still in der Ecke sitzen und darfst keine Fotos machen.«

Ich akzeptiere die Regeln widerspruchslos.

»Ach ja, und stell keine Fragen, wenn du drinnen bist.«

Eilig trenne ich mich von Kamera, Stativ und Tasche, hänge Lei alles über die Schulter und laufe, noch bevor er Zeit hat zu protestieren, schnurstracks zu dem neuen Anbau hinüber, in dem Glauben, ich sei der einzige Mann, der dabei sein darf. Unauffällig verziehe ich mich in einen dunklen Winkel und beobachte die Frauen, die geschäftig hin und her hasten. Ich glaube, ich bin aufgeregter als Sinshie selbst.

Ich hatte eine feierliche Atmosphäre erwartet. Aber Sanshie plaudert locker mit ihren Verwandten und Freundinnen, während mir zumute ist, als habe man mir erlaubt, Einblick in ein jahrtausendealtes Geheimnis zu nehmen. Jeden Moment ist es so weit.

Da – Sinshie betritt den Raum. Auf der Schwelle bleibt sie kurz stehen. Sie sieht so alt aus, wie sie ist: dreizehn. In ihrem Gesicht spiegeln sich gleichermaßen Freude und Furcht. Sie trägt eine Hose und eine Bluse, das Haar ist mit einem roten Band zurückgebunden. Ihre Mutter erwartet sie beim Hauptpfeiler. Sinshie geht auf sie zu. Hinter dem Mädchen folgen einige der Familie nahestehende Männer. Der letzte ist Lei, mit meiner Kameraausrüstung über der Schulter.

»Hieß es nicht, bei der Zeremonie dürften keine Männer anwesend sein?«, raune ich ihm zu.

»Sie dürfen nicht teilnehmen, aber zuschauen schon.« Und dann fügt er nachsichtig hinzu: »Was hast denn du geglaubt?«

Sanshie und Tsie haben mich entdeckt und fangen an zu kichern – allmählich gewöhne ich mich an den Humor der Mosuo-Frauen.

Ich versuche Flagge zu zeigen und verlasse meine Ecke, um mich zu meinen Geschlechtsgenossen zu gesellen, als ob nichts geschehen sei.

»Ist einer von ihnen der Vater?«, frage ich Lei.

»Nein«, erwidert er und erinnert mich sogleich daran, dass ich keine Fragen stellen darf.

Über einem Schweinefell liegt ein Sack mit Saatkörnern als Symbol für Wohlstand. Sinshie zieht die Schuhe aus und stellt sich darauf. Ihre Füße sind ganz blutleer, und sie rührt sich kaum. Sie scheint darauf konzentriert, sich ihre Angst nicht anmerken zu lassen. Voller Stolz ruht das Auge der Mutter auf ihr. Nun treten die geladenen Frauen vor und übergeben die Kleidungsstücke, die sie eigens für Sinshie angefertigt haben, und begutachten dabei das Ergebnis ihrer Nähkünste. Sanshie hilft ihr in die hellbraunen, bis zum Knöchel geschnürten Stiefel. Eine der Tanten zieht ihr den traditionellen weißen Rock über die Hose – obwohl die Straßen im Dorf staubig sind, halten die Mosuo kompromisslos daran fest, weiße Röcke zu tragen, und nur sie kennen das Geheimnis, trotzdem stets tadellos auszusehen.

Sinshie hebt die Arme, um in den Kasack zu schlüpfen, den Tsie für sie angefertigt hat, er ist rot bestickt, und man sieht, wie viel Arbeit er seine Schöpferin gekostet hat. Gerührt küsst das junge Mädchen die Stirn der Freundin ihrer Mutter.

Tsies Gesichtsausdruck ist schwer zu deuten, ich weiß nicht, ob sie ergriffen ist oder ob sie sich unwohl fühlt, weil der Kasack dem Mädchen zu groß ist. Sie versucht ihn anzupassen und krempelt die Ärmel ein Stück hoch. Eine Tante reicht Sinshie einen Gürtel, um die Weite zu kaschieren, er ist etwa zwanzig Zentimeter breit, bunte Abzeichen schmücken ihn.

Haben schon die Kleidungsstücke den Damen bewundernde Ausrufe entlockt, so rufen die Armbänder, Ohrringe und Ketten einen wahren Tumult hervor. Einen Moment lang habe ich den Eindruck, dass sie alle erst dreizehn sind. Sie probieren den Schmuck an, tauschen mit den anderen, gehen zum Fenster, um ein Stück im Tageslicht zu betrachten. Es handelt sich um Modeschmuck, aber doch eben um kleine Schätze, und das werden sie für Sinshie immer bleiben.

Das Wichtigste ist der traditionelle, aus Yak-Wolle gefertigte – der Yak ist der Ochse mit dem langen, dunklen Fell aus dem Himalaya – und mit Seide gebundene Kopfputz. Er sieht aus wie eine Mütze, die in einem langen, bis zur Hüfte reichenden Pferdeschwanz endet. Er ist mit Bändern aus weißen Perlen und silbernen Spangen verziert, und im Frühjahr dekoriert man ihn zusätzlich mit Blüten.

Sanshie nimmt den Kopfschmuck feierlich in die Hand. Ihre Tochter folgt dieser Geste mit erwartungsvollem Blick: Sanshie legt den Putz auf das Haar ihrer Tochter, damit hat die Zeremonie ihren Höhepunkt erreicht.

Das Mädchen, das eben noch barfüßig auf den Sack mit dem Korn stieg, ist nun eine Frau. Ab sofort genießt sie die Privilegien und die Verantwortung einer Erwachsenen.

Die Versammelten beglückwünschen sie und

überhäufen sie mit weiteren Geschenken für diesen neuen Lebensabschnitt. Dann muss die Gefeierte zurück in den Tempel, wo sie eine Kerze anzündet, damit die Götter wissen, dass sie, Sinshie, die jüngste Tochter Sanshies, jetzt offiziell eine Mosuo-Frau ist. In der Zwischenzeit suchen die geladenen Familien die Ruhestätten ihrer Vorfahren auf und beten zu den Ahnen, dass sie ihre Kinder beschützen mögen.

Als Sinshie aus dem Tempel zurückkehrt, überreicht die Mutter ihr eine silberne Kette, an der ein Schlüssel hängt. Mit einer Brosche befestigt Sinshie sie an ihrem Kasack, den Schlüssel steckt sie unter den Gürtel. Auch wenn Han Tsie und seine Kollegen noch nicht fertig mit den Bauarbeiten sind, weiß die junge Frau, dass sie ab jetzt über ein eigenes Reich verfügt, in dem sie ihre Verehrer empfangen kann, und dass ihr Nächte bevorstehen, in denen sie endlich erleben darf, was ihre Schwestern seit einiger Zeit schon erleben.

## 8

In einem Matriarchat gelten die Prinzipien der Matrilinearität – der Verwandtschaftsrechnung über die Mutterlinie – und der Matrilokalität, die gegeben ist, wenn die Kinder unter dem Dach der Mutter leben, auch wenn sie bereits erwachsen sind und eigenen Nachwuchs haben.

Doch scheint es mir, dass ein Matriarchat nicht nur eine Frage von Regeln und Gesetzen ist, sondern vor allem eine Frage der Einstellung und des Umgangs damit. Bei den Mosuo spürt man das Gewicht der weiblichen Hierarchie im täglichen Leben. Nicht so in einigen anderen sogenannten gynaikokratischen Kulturen, wo die Frauen zwar rechtliche Privilegien in Bezug auf die Erbfolge und Namensgebung genießen, sich trotz dieser Vorrechte jedoch ihre gesellschaftliche Stellung kaum von der in einem klassischen patriarchalischen System unterscheidet. Als ich etwa unter Khasi und Jaintia in Meghalaya Interviews führte, kam es mehrfach vor, dass ein Mann seine Frau während des Gesprächs unterbrach oder gar nicht zu Wort kommen ließ und sogar auf Fragen antwortete, die ihre innersten Gefühle betrafen.

Für mich definiert sich ein Matriarchat also deutlich auch über die starke Figur der Matriarchin, und aus diesem Grund möchte ich unbedingt die Frau kennenlernen, die an der Spitze der Mosuo-Gemeinschaft steht, mich interessiert, ob ihr Führungsstil dem starker Frauen in politischen Führungspositionen in westlichen Breiten entspricht. Ich will herausfinden, mit welcher Methode die oberste Matriarchin dafür sorgt, dass die Gesetze eingehalten werden.

Sanshie zeigt mir, als ich sie auf dem Weg zur Feldarbeit begleite, wo das Oberhaupt wohnt. Es ist ein Haus wie jedes andere, mit Kindern im Hof und Frauen, die geschäftig umherlaufen und Anweisungen geben. Ich lasse Sanshie auf ihrem Acker zurück und bitte Lei, mich zu Lu Gu zu begleiten.

»Ist es nicht besser, einen Termin auszumachen?«, fragt er zögerlich.

»Mit Sicherheit, aber wir versuchen einfach unser Glück.«

Ein Mann fängt uns an der Haustür ab, ich frage ihn nach Lu Gu Pintsa.

»Das bin ich«, erwidert er.

Verwirrt schauen Lei und ich uns an. Wir waren darauf eingestellt, die oberste Matriarchin zu befragen, und jetzt entpuppt sie sich als Mann.

»Ja, das bin ich«, sagt er noch einmal.

Ein Mann. Das Dorfoberhaupt der Mosuo ist ein Mann. Lu Gu Pintsa, Pintsa, der Name seiner Mutter. Er ist zweiundvierzig, und man braucht ihn nur anzuschauen, dann ahnt man, warum er zum Chef taugt. Er ist größer als die anderen, hat einen athletischen Körperbau und einen aristokratischen Habitus. Er trägt einen hellen Anzug und ein offenes weißes Hemd. Zweifellos ist er über meine Anwesenheit im Dorf informiert, aber er hat in diesem Augenblick nicht mit mir gerechnet. Sein Auftreten ist liebenswürdig, aber bestimmt, keine Spur von der üblichen Scheu seiner Landsleute. Er weiß nicht recht, was er mit mir anfangen soll. Es ist offensichtlich, dass er Wichtigeres zu erledigen hat, aber nicht unhöflich sein will. Er lädt mich ein, ihn zu begleiten.

Wir gehen die Straße hinunter und kommen an einem Geschäft vorbei, vor dem ein paar Männer zum Kartenspiel zusammengefunden haben. Sie fordern Lu Gu auf, sich ihnen anzuschließen, doch er entschuldigt sich.

»Sind Sie schon lange im Amt?«, erkundige ich mich, als wir weiterziehen.

»Ein bisschen länger als ein Jahr, es ist meine zweite Amtszeit.«

»Wie werden Sie gewählt?«

»Durch das Votum der Einwohner.«

Als wir um eine Ecke biegen, kommen vier Frauen zu Pferd vorbei. Sie unterhalten sich einfach weiter, ohne zu grüßen.

»Lei, frag ihn, warum sie ihn nicht grüßen.«

»Wie soll ich ihn das fragen?«

Ich schweige, in der Hoffnung, dass er versteht, dass es mir nach einer halben Weltreise gestattet sein sollte, die Grenzen der guten Erziehung auch mal zu überschreiten.

Lei räuspert sich und übersetzt, was ich wissen möchte. Das Dorfoberhaupt versteht nicht recht, worauf ich hinauswill.

»Manchmal grüßen sie, manchmal nicht«, übersetzt Lei. »Damit hat es nichts Besonderes auf sich.«

Lei gesteht, dass auch er sich darüber gewundert hat.

Wir erreichen unser Ziel, ein Haus am Rand des Dorfes. Sicheren Schrittes und in aufrechter Haltung marschiert Lu Gu Pintsa durch die Tür in den Innenhof, geradewegs auf einen Mann zu, der rauchend im Schatten der Galerie sitzt. Lu Gu bedeutet uns, dass wir vor der Tür warten mögen.

Das Treffen dauert etwa eine Viertelstunde, wir

gehen weiter, machen allerdings nur hundert Meter weiter halt vor einem nächsten Haus. Die Szene wiederholt sich: Ein rauchender Mann im Gespräch mit dem Oberhaupt. Einer hockt dem anderen gegenüber, die Knie berühren fast die Brust.

Nachdem Lu Gu Pintsa sich verabschiedet hat, treten wir den Rückweg an. Die Matriarchin des zweiten Hauses lehnt gegen einen Baum am Seeufer und strickt. Ihre Augen sind auf den Dorfchef gerichtet, und als wir an ihr vorübergehen, neigt sie den Kopf. Lu Gu winkt ihr freundlich zu und nickt.

Mir wird klar, dass Lu Gu sich auf ihren Rat in den Häusern eingefunden hat. Und auch wenn er als Mann des guten Willens gilt, denkt die Matriarchin wohl, dass es nichts schaden kann, sich zu vergewissern, ob dem guten Willen auch Taten folgen.

Das Oberhaupt in einem Mosuo-Dorf hat wenige, aber wichtige Aufgaben. Eine davon ist, zwischen den Einwohnern zu vermitteln. Aggressives Verhalten innerhalb und außerhalb der Familie wird als entehrend empfunden. Gewalt in all ihren Ausprägungen stößt auf Ablehnung – das ist ein auffälliges Merkmal der matriarchalischen Gesellschaften, mit denen ich in Kontakt kommen durfte. Jede unangemessene Reaktion, besonders die Anwendung körperlicher Gewalt, ist verpönt. Was in unserer Welt als Tapferkeit, Männlichkeit oder sportlicher Kampfgeist angesehen wird, ist für sie nicht tolerierbar – es beschämt sie. Deshalb greifen sie auf den Dorfvorsteher zurück, damit dieser rechtzeitig seine Autorität geltend macht, bevor der Streit ausartet.

Die Unterredungen heute waren ein erster Schritt. Keiner der beiden Männer ist es gewohnt, Besuch vom Dorfchef zu bekommen. Sein unerwartetes Auftauchen und das Gespräch über allgemeine Themen ist eine Form, ihnen mitzuteilen, dass ihre Differenzen eine bestimmte Grenze überschritten haben.

»Und wenn die Methode nicht funktioniert?«

»Im Allgemeinen funktioniert sie. Wir haben sehr strenge Regeln bei Missachtung unserer Grundsätze, glücklicherweise müssen wir sie nur selten anwenden.«

Als wir wieder vor der Haustür der Pintsa angelangt sind, bittet Lu Gu uns herein. Wir nehmen um das Feuer herum Platz, und eine Frau, ich nehme an, seine Schwester, bietet uns etwas zu trinken an.

»Buttertee?«

»Ja, gern«, sage ich – nicht ohne Verdruss.

Lu Gu erklärt mir, er sei ehrenamtlich tätig, aber er wolle so lange wie möglich im Amt bleiben. Er fühlt sich dazu berufen, für Harmonie und Frieden unter seinen Leuten zu sorgen. Wobei man natürlich nicht vergessen darf, dass Mutter, Schwestern und Nichten diese ehrenwerte Berufung finanzieren.

»Warum bekleiden Sie als Mann dieses Amt?«, frage ich.

»Das Dorfoberhaupt ist immer ein Mann. Ebenso sein Stellvertreter. Die Frauen sind für alle familieninternen Angelegenheiten verantwortlich, sie verwalten den Besitz und führen den Haushalt, aber die Entscheidungsgewalt für Dinge, die die Gemeinschaft betreffen, obliegt einem Mann. Auch wenn eine Autorität angerufen wird, um einen Konflikt zwischen zwei Familien zu lösen, ist immer ein Mann zugegen.«

»Haben Sie noch andere Aufgaben?«

»Ja, ich bin beispielsweise mit der Organisation von Festen und Versammlungen betraut. Ich verwalte außerdem die Gelder der Gemeinschaft und bin zuständig für die Beziehung zu unseren Nachbarn.«

»Zu den Han?«

»Ja, obwohl sie sich sehr von uns unterscheiden.«

»Inwiefern?«

»Wenn sie heiraten, verlassen sie für immer das Haus ihrer Eltern, und im Alter sind die meisten auf sich gestellt. Niemand kümmert sich um sie. Bei uns ist das anders. Unsere Großmütter, die alten Onkel und Tanten leben mit den jüngeren Familienmitgliedern unter einem Dach, sie sind Blutsverwandte, also in den Familienalltag eingebunden. Unsere jungen Leute verlassen das Elternhaus nicht wie bei den Han, um zu heiraten. Sie heiraten gar nicht. Das und die Tatsache, dass wir allen Besitz in die Hände einer Matriarchin legen, führen dazu, dass die Mosuo wirtschaftlich besser dastehen als die Han, die ihr Hab und Gut unter ihren Kindern aufteilen, die wiederum Ehepartner und Kinder haben, mit denen sie teilen. Davon abgesehen, bringt diese Praxis immer Konflikte mit sich.«

Das Problem der Versorgung der Alten und der Kinder scheint in der matriarchalischen Gesellschaft der Mosuo gelöst: Alle Mitglieder einer Familie leben auf demselben Grundstück, keiner verlässt durch Heirat das Haus, und alle kümmern sich um alle. Die Alten beanspruchen einen Teller mehr auf dem Tisch und ein warmes Plätzchen am Feuer. Die Kinder spielen im Innenhof unter der Aufsicht der Mütter, Großmütter, Tanten oder Onkel. Da alle arbeiten und der Besitz nie durch Erbe geteilt wird, wächst er. Keiner fängt ein neues Leben bei null an.

»Wenn die Männer bei ihrer Herkunftsfamilie leben und nicht heiraten, wie sieht es dann mit emotionalen Beziehungen oder Bindungen aus? Verspüren sie da nicht den Wunsch nach einer Gefährtin, jemandem, mit dem man Erlebnisse teilen, reden, Pläne schmieden kann?«

Lu Gu Pintsa schaut mich verdutzt an. »Ein Mann kann viele Frauen kennenlernen, das ist hier kein Problem, es gibt unzählige Gelegenheiten. Und wenn man sich anständig benimmt, wird man auch erhört. Ansonsten hat man doch seine Familie. Ich brauche niemanden von außen, mit dem ich mein Leben teilen kann. Ich würde nie auf den Gedanken kommen, eine Frau aus einer anderen Familie könnte meine Familie sein. Meine Mutter, meine Schwestern, meine Brüder und die Kinder – das ist meine Familie.«

»Aber werden Sie es nicht leid, immer wieder die Partnerin zu wechseln?«

»Es kommt vor, dass eine Frau einen Mann besonders interessiert, und dann will er selbstverständlich mehr Zeit mit ihr verbringen.«

Ich bitte Lei, er möge Lu Gu fragen, was er vorzöge: eine oder viele.

Lei sieht mich entsetzt an. »Das kann ich unmöglich fragen.«

Schweigen. Das Oberhaupt versteht nicht, was vor sich geht. Schließlich wagt sich Lei vor.

Ich bekomme tatsächlich eine Antwort.

Lu Gu erklärt, dass alles seine Zeit habe. »Wenn sich die Liebe einstellt, ist es natürlich, dass man nur mit diesem einen Menschen zusammen sein will. Das passiert nicht von heute auf morgen, so etwas entwickelt sich über Monate ... Aber wenn man eine Frau auswählt und spürt: die ist es und keine andere – dann hat man kein Interesse mehr, Ausschau nach anderen zu halten.«

»Und was muss passieren, damit Sie sich in eine Frau verlieben?«

Lu Gu Pintsa denkt einen Moment nach und sagt: »Wenn ich das wüsste, würde ich mich wahrscheinlich nicht verlieben.«

## 9

»Und wie heißt deine Großmutter?«, frage ich Rugeshi Ana, eine junge, moderne Frau, mit der ich mich ohne Dolmetscher auf Englisch unterhalte.

Kaum hörbar flüstert sie: »Tsunami Ana. Aber ich darf ihren Namen nicht aussprechen. In ihrer Gegenwart schon gar nicht.« Sie senkt den Kopf und nimmt mich beiseite, damit wir unter vier Augen sprechen können. »Den Namen der Großmutter auszusprechen ist tabu.«

Die alte Dame steht da, die Hände in die Seiten gestützt, und beobachtet uns.

Lu Gu Pintsa hat mir Rugeshi Ana vorgestellt. Sie ist zweiundzwanzig und studiert Journalismus an der Central University for Nationalities in Peking, die hauptsächlich Studenten, die einer ethnischen Minderheit des Landes angehören, besuchen. Die Universität verschafft ihnen nicht nur Zutritt zur Bildung, darüber hinaus ist sie als Weg gedacht, die Studierenden zu einem Identitätswechsel zu animieren. Viele sehen nach Abschluss des Studiums keine Möglichkeit, in ihren Dörfern zu arbeiten, und weil sie nach der Ausbildung in der Hauptstadt ihren Leuten fremd geworden sind, tendieren sie dazu, sich in die chinesische Gesellschaft zu integrieren.

Andersherum betrachtet: Verweigerte man ihnen diese Chance, sähe sich der Staat wegen Diskriminierung und fehlender Entwicklungsperspektiven auf dem Land an den Pranger gestellt. Ein Paradox.

Rugeshi Ana erzählt mir, sie habe sich während ihres Studiums auf Themen spezialisiert, die ethnische Minderheiten betreffen. Im Augenblick macht sie Urlaub bei ihrer Familie in Luoshui.

Ich erkundige mich, ob sie einen Unterschied zwischen sich und anderen Mädchen in ihrem Alter empfinde.

»Ja, klar. Alle wollen heiraten.« Rugeshi Ana kann nicht verstehen, dass ihre Kommilitoninnen zugleich unabhängig und verheiratet sein wollen. Es ist ihr ein Graus, wenn sie sieht, wie sie sich um einen Mann streiten.

Sie hingegen fühlt sich unabhängig. Dabei kann sie auf den Rückhalt ihrer Familie zählen. Männer und Frauen, findet sie, können den Partner wechseln, so oft sie wollen und wann sie wollen. Eifersucht und Tratsch, das sind Sachen, die ihre Freundinnen umtreiben. Ihr geht es nicht darum, um jeden Preis einen Mann abzukommen, sie will die Liebe finden.

»Liebe und Lebensgemeinschaft, das geht für mich nicht zusammen. Für mich ist die Liebe das Einzige, was mich an einen Mann binden kann. Meine Kultur erlaubt mir das, ohne dass ich auf andere Dinge Rücksicht nehmen muss. Ich verstehe nicht, wie meine Freundinnen diese Freiheit aufgeben und so denken können, wie sie denken. Sie heiraten, weil sie eine Familie haben wollen. Ich hingegen glaube, die beste Art, eine Familie zu haben, ist gerade, nicht zu heiraten.«

Die Familie im Matriarchat ist unvereinbar mit der Ehe, alle Mitglieder sind Blutsverwandte. Sexualität und Verliebtsein, so wunderbar und lustbringend beides sein mag, bergen einen hohen Grad an Instabilität und führen bei den Mosuo nie zur Gründung eines Haushalts. Das schützt sie vor der Gefahr – sollten sie sich verlieben, und es geht schief –, ihre Liebe und die Familie zugleich zu verlieren. In der Anschauung der Mosuo ist die Liebe das absolute Gegenteil von Verpflichtung, ein Gefühl, das nicht durch den Kunstgriff einer Heirat reglementiert werden kann. Die Angst, verlassen zu werden oder allein zurückzubleiben, kennt man in Luoshui nicht.

Die Begegnung mit Rugeshi Ana ist ein Glücksfall. Wir verstehen uns prächtig, so dass ich sie gefragt habe, ob sie mir nicht in den nächsten Tagen bei meiner Reportage behilflich sein möchte. Begeistert stimmt sie zu und schlägt vor, das Heimatdorf ihrer Großmutter aufzusuchen, wo ein Teil ihrer Familie bis heute verwurzelt ist.

Nachdem ich ihr in Grundzügen das Funktionieren der technischen Ausrüstung erläutert habe und wir uns auf ein paar grundsätzliche Interviewfragen verständigt haben, machen wir uns auf den Weg. Sie warnt mich vor: In dieses Dorf haben sich noch nie Leute aus dem Westen verirrt – jetzt ist die Begeisterung ganz auf meiner Seite.

Als wir in den Jeep steigen, muss ich schmunzeln: Der Parkwächter, ein schmerbäuchiger Mann mit Dreitagebart und in verschossener Militärkluft, zu der er Sandalen trägt, sieht aus wie ein Soldat, der am Ende der Welt von seiner Kompanie zurückgelassen wurde und dem man aus Nachlässigkeit vergessen hat mitzuteilen, dass der Krieg zu Ende ist.

Während der Fahrt stellen Rugeshi Ana und ich fest, dass wir beide einen Großteil unserer Zeit in Städten verbringen, die versuchen, Anschluss an das zu finden, was die westliche Welt als Entwicklung bezeichnet. Beide bedauern wir, wie schnell Traditionen verschwinden können, wenn sie mit

mit den Errungenschaften der globalen Konkurrenz konfrontiert werden.

Trotz einiger Ansichten, die wir teilen, wird mir jedoch immer wieder bewusst, dass die Ähnlichkeit zwischen Rugeshi Ana und mir eine Illusion ist. Ja, wir tragen die gleichen Klamotten, und ja, sie studiert Journalismus in einer Millionenstadt. Doch im Grunde ihres Herzens ist sie eine Mosuo, ist sie tief mit der Kultur, den Sitten und Gebräuchen ihres Volkes verbunden. Sie hat andere Wertmaßstäbe als ich, lebt nach anderen Regeln und Geboten.

Aber gerade das macht es so interessant, mich gemeinsam mit ihr auf diese Interviewreise ins Hinterland zu begeben.

10

Mit einem Tibeter, einem jungen Chinesen und einem Mosuo-Mädchen in einem Jeep auf unwegsamer Strecke am Ende der Welt, komme ich mir vor wie ein Abenteuerheld.

Yunnin liegt fernab vom Lugu-See in etwa 2600 Meter Höhe und ist nicht nur vor Touristen aus dem Westen sicher. Es ist sogar sicher vor Besuchern aus dem übrigen China.

Mir fällt auf, dass die Architektur in diesem Dorf anders ist als in Luoshui. Die Häuser, selten aus Holz, sondern aus Erdmaterialen erbaut, sind von Palisaden umgeben, die in einem roten Satteldach enden. Was mir außerdem auffällt – nein, was mich wirklich überwältigt! –, ist der strahlend blaue Himmel über Yunnin. In der Nacht sieht man hier so unfassbar viele Sterne, dass mich das Gefühl beschleicht, nie zuvor wirklich einen Himmel gesehen zu haben.

In Yunnin wird kein Chinesisch gesprochen. Die Bewohner unterhalten sich im Mosuo-Dialekt, den

Lei nicht versteht. Wäre ich nicht mit Rugeshi Ana in Kontakt gekommen und wäre sie nicht bereit gewesen, mich zu begleiten, dann würde ich in diesem Augenblick wohl nicht an diesem abgeschiedenen Flecken der Erde neben ihrer Großmutter herspazieren, der Heldin einer zweiunddreißigköpfigen Familie, einer Frau mit zügigem Schritt und einem Namen, den man nicht nennen soll.

Enkelin und Großmutter plaudern miteinander, und obwohl ich kein Wort verstehe, vermute ich, dass Rugeshi Ana ihr erklärt, was mich hierher geführt hat. Meine Anwesenheit muss Tsunami Ana so merkwürdig vorkommen, wie mir die Landung einer Raumfähre in meinem Wohnzimmer erschiene. Aber sie bewahrt Haltung, schaut mich an, nickt.

In diesen Breiten braucht man, wenn von der Großmutter die Rede ist, nicht zu fragen, ob väterlicher- oder mütterlicherseits. So wie es nur eine Mutter gibt, gibt es auch nur eine Großmutter: die Mutter der Mutter. Den Großvater, die strahlende Gestalt der chinesischen Kultur, sucht man bei den Mosuo vergeblich. Der gebildete alte Mann, Träger und Vermittler einer jahrtausendealten Kultur, Hort der Weisheit, verehrter und gefürchteter Meister, Stützpfeiler der Zivilisation – diese Figur des chinesischen Patriarchen, von dem das Kino ein stereotypes Bild zeichnet, hat sich bei den Mosuo offenbar eine Auszeit genommen. Und siehe da: die Gesellschaft bricht dennoch nicht auseinander, die Kultur entwickelt sich dennoch weiter, die Familien überleben auch ohne ihn, und es wachsen neue, hoffnungsfrohe Generationen heran.

Rugeshi Anas Großmutter trägt einen kleinen Jungen auf dem Rücken, er ist in Stoff gehüllt und festgebunden. Der Kleine drückt seine Brust auf den Rücken der alten Frau und schaut erstaunt über ihre Schulter in die Welt. Um das Gleichgewicht zu halten, neigt sich die Frau zu einer Seite und der Kleine automatisch zur anderen. Sie wirken wie eine Einheit, wie ein unteilbares Ganzes mit zwei Gesichtern, die Anfang und Ende des Lebens bedeuten. Ein Zopf ragt unter dem Kopftuch der faltigen, dürren, aber äußerst zähen alten Dame hervor. In ihrem Blick liegt eine ungeheure Stärke. Mühelos marschiert sie die Anhöhe hinauf und gestikuliert munter beim Sprechen.

Wir befinden uns auf dem Nachhauseweg von Tsunami Anas Freundin, ein Ausflug von drei Kilometern, den sie beinahe täglich zu Fuß bewältigt.

»Freundinnen haben bei uns einen ganz besonderen Status, sie sind wie Familie«, erklärt mir Rugeshis Großmutter. Und auf meine Frage, was die Beziehung zwischen Frauen denn so besonders mache, antwortet sie knapp: »Wir reden.«

Im Unterschied offenbar zum Mann, der sich gern abseits hält und für gewöhnlich zufrieden ist, wenn er ein Plätzchen gefunden hat, wo er dösen kann. Wenn die Männer wach sind und sich treffen, dann spielen sie Karten oder Mahjong.

Im Haus der Matriarchin Ana folgt das übliche Ritual: Beim Eintreten müssen wir den Kopf senken und versammeln uns um die Feuerstelle. Tsunami Ana hebt zwei Holzscheite an, um das Feuer anzufachen. Sie stellt das Wasser für den obligatorischen Buttertee auf – ich hasse Buttertee. Dann entschuldigt sich die alte Dame.

»Wahrscheinlich holt sie eine Freundin, sie ist gleich zurück«, sagt Rugeshi Ana.

Lei lächelt nervös und hebt seufzend die Arme. Diese eigenartigen Symptome sind mir bei ihm in letzter Zeit häufiger aufgefallen.

»Was hast du?«, frage ich.

»Nichts, nichts«, sagt er, lächelt und seufzt wieder. Er zündet sich eine Zigarette an, auch sein Zigarettenkonsum ist besorgniserregend angestiegen.

Schließlich beichtet er mir, wie entsetzt er von dem ist, was er in den Gesprächen immer wieder hört. Lei stammt aus einer traditionellen Familie, ihm widerstreben Wesen und Verhalten der Mosuo-Frauen zutiefst.

Tsunami Ana kehrt zurück und übergibt den Kleinen ihrer Enkelin. Das Hauptzimmer, in dem wir uns niedergelassen haben, ist ziemlich dunkel. Beim Deckenlicht ist ganz schön herumgestümpert worden: Man erkennt gerade die Umrisse der Personen, die sich in der Nähe des Feuers aufhalten.

Tsunami Ana trägt einen dunklen Rock und einen passenden Kasack. Sie legt die Beine übereinander und zündet sich eine Zigarette an. Sie sieht aus wie ein Pirat, der von der Zeit überrascht wurde und seine eigene Geschichte überlebt hat.

Sie beugt den Kopf nach vorn und bläst Rauch aus, dann legt sie ihren Zopf über die Schulter. Ich bin sicher, sie hat diese Geste schon tausendmal mit Erfolg bei Männern angewandt. Sie mustert mich von oben bis unten und zieht noch einmal wortlos an ihrer Zigarette. Ich spüre die Provokation, die in diesem Schweigen liegt, ich glaube, sie will mir sagen: »Ich bin gespannt, Botschafter des Patriarchats, der du als Gast in meinem Reich bist, worüber du mit mir diskutieren möchtest.«

Und als wäre das noch nicht genug der Herausforderung, schenkt sie mir noch ein liebevoll-spöttisches Lächeln.

Ich nehme die Herausforderung an.

## 11

Was mich immer brennender interessierte, je länger ich mich unter den Mosuo aufhielt, war die Frage, wie das Familienleben ohne einen Vater funktioniert und ob die Vaterschaft tatsächlich keine Rolle für die Beteiligten spielt.

Das Matriarchat der Mosuo gilt als eines der reinsten, weil die Figur des Vaters nahezu unbedeutend, er häufig sogar unbekannt ist. Wenn eine Frau merkt, dass sie schwanger ist, bereitet ihr die Frage, wer der Kindsvater sein könnte, wohl die geringste Sorge; sie bemüht sich nicht einmal, es herauszufinden.

Was stellt ein Vater in meiner Vorstellung dar?

Jemanden, der seine Kinder ernährt, großzieht und liebt. Jemanden, der in der Familie für Ordnung sorgt; mir wird bewusst, dass ich einen Vater unweigerlich mit einer Respektsperson assoziiere. Ein Vater kann einem Angst einjagen, aber er bietet auch Schutz und Anerkennung. Er kann Vorbildfunktion haben und Vertrauter sein; manchmal ist er eine Schreckensgestalt, jähzornig, unberechenbar und gewalttätig. Ein Vater kann der große Abwesende sein und damit deutlich machen, wie wichtig seine Anwesenheit ist, aber wenn er allgegenwärtig ist, löst es mitunter ein Gefühl von Beklemmung und Verfolgung in der Familie aus. Ein Vater kann seine Kinder beschämen oder sie mit Stolz erfüllen – kurzum: Ein Vater kann vieles sein, in jedem Fall spielt er nach meinem Verständnis eine zentrale Rolle im Leben seiner Kinder, er ist eine Figur, der man nacheifern oder von der man sich bewusst distanzieren möchte. Ein Referenzpunkt.

Nicht so bei den Mosuo. In diesem Volk kennt man lediglich die Mutterwaise. Hier ist man dazu angehalten, den Ödipuskomplex zu überdenken. In dieser Gemeinschaft haben Söhne keinen Vater, mit dem sie um die Mutter konkurrieren müssten. Der nächste männliche Verwandte, der Onkel, steht in der Hierarchie weiter unten, und auch wenn er einen väterlichen Part übernimmt, gibt es gravierende Unterschiede: Der Vater taucht auf der Bühne auf, weil er zu einem bestimmten Zeitpunkt von einer Frau ausgewählt wurde. Beim Onkel ist das anders, er ist Teil der Familie, ihn wählt man nicht aus. Und der Onkel hat auch nichts mit der Sexualität der Mutter zu tun.

Die Existenz von Vätern setzt voraus, dass es Mütter gibt, die sie dazu ermächtigen (auch wenn sie es möglicherweise später bereuen). Die Mosuo-Frauen tun genau das nicht, und doch leben sie in einer Familie.

Wie aber soll man unter den gegebenen Umständen sichergehen können, das Inzestverbot nicht zu übertreten? Das Gesetz untersagt jedwede sexuelle Beziehung zwischen Mutter und Sohn, zwischen Geschwistern und Verwandten der Mutter. Wenn der Vater nicht bekannt ist, besteht theoretisch die Möglichkeit, dass er an die Tür seiner Tochter klopft. Vielleicht sieht man aus diesem Grund hier keine Paare, die ein großer Altersunterschied trennt.

Etwas anderes fällt mir auf: Ich habe in der Mosuo-Gemeinschaft noch keine Homosexuellen getroffen. Es gibt sie nicht – das zumindest behaupten die von mir Interviewten. Man darf allerdings nicht vergessen, dass Homosexualität in China bis vor kurzem unter Strafe stand.

Tsunami Ana hält nun wieder das kleine Kind auf dem Arm.

»Ist das Kind Ihr Enkel?«

»Ja.«

»Und die Mutter?«

»Sie arbeitet, wahrscheinlich sehen wir sie später noch.«

»Passen Sie oft auf den Kleinen auf?«

Die Großmutter brummt, meine Frage scheint ihr nicht zu passen. Nach einem längeren Zögern beschließt sie aber doch, ihrem Brummen eine Erklärung folgen zu lassen.

»Eine Frau bekommt ihr Kind und bleibt fast ein Jahr bei ihm. Sie gibt ihm zu essen und beschäftigt sich mit ihm. Wenn es Zeit wird, zur Arbeit zurückzukehren, übergibt sie den Sprössling der Großmutter. Und die älteren Tanten sind ja auch noch da. Die Mutter kann in ihren gewohnten Alltag zurückkehren, und das Kind wächst trotzdem im häuslichen Umfeld auf.«

So einfach ist das.

Die Frauen wissen, dass sie die Verantwortung für das Wohlergehen ihrer Sippe tragen. Sie sorgen für den Unterhalt, und das treibt sie an, bald wieder zu arbeiten. Und da alle Familienmitglieder sämtlicher Generationen unter einem Dach leben, erledigt sich die Not der Betreuung der Kleinen während dieser Zeit. Für die reibungslose Organisation des Haushalts wie auch für die Kindererziehung braucht es keinen Mann.

Klagen darüber, dass Mütter sich im Leben nicht entfalten könnten, weil ihr Partner sie nicht unterstützt, kennt man hier nicht.

»Und wenn die Mutter sich nicht von dem Kind lösen will?«

»Das kommt nicht vor, sie weiß es doch in guten Händen bei ihrer Familie. Das ist, als ob sie sich selbst um das Kleine kümmerte«, lautet die prägnante Antwort auf eine Frage, die sich in der Welt der Mosuo nicht stellt.

Ein junger Mann in grauem Anzug, Alpargatas und mit einem schmalkrempigen Hut auf dem Kopf tritt zu uns ans Feuer. Er grüßt die Matriarchin und überreicht ihr ein Bündel Geldscheine, das sie in der Tasche ihres Rocks verschwinden lässt – sein Tageslohn. Er nimmt Tsunami Ana das Kind ab, setzt ihm ein Schildmützchen auf und albert mit ihm herum. Er wirft den Jungen in die Höhe, der Kleine juchzt vor Freude und zieht seinem erwachsenen Spielgefährten an den Haaren. Der junge Mann trinkt einen Tee und nimmt das Kind auf den anderen Arm, damit es sich nicht an der heißen Tasse verbrennt. Er macht das alles ganz selbstverständlich und locker, und der Kleine fremdelt nicht eine Sekunde.

Ob Vater oder nicht, die Männer pflegen einen sehr zärtlichen Umgang mit den Kindern, die sie umgeben. Häufig sieht man sie mit einem kleinen Wesen auf dem Arm, an der Hand, oder sie tragen es huckepack. Manchmal sitzt eines auch auf dem Schoß seines Onkels und verlangt nach Aufmerksamkeit, während der versucht, sich auf sein Kartenspiel zu konzentrieren.

Wenn ein Mann, ganz gleich welchen Alters, ein Haus mit Kindern betritt, spricht er mit ihnen, spielt mit ihnen, lächelt ihnen zu. Diese Zuneigung entwickelt sich völlig zwanglos, vielleicht, weil sie nicht mit Verantwortung und Verpflichtungen einhergeht.

»Was macht der Vater des Kleinen, besucht er ihn oft?«, frage ich.

»Das ist nicht der Vater, das ist mein Sohn, der Onkel.«

Als wäre ihr, wie sie von ihm sprach, etwas dringend zu Erledigendes eingefallen, schickt sie ihn mit einer Anweisung fort. Ihr Wunsch scheint ihm Befehl zu sein.

»Tut man immer, was Sie sagen?«

Die Großmutter raucht, hört sich an, was ihre Enkelin übersetzt, und beobachtet mich mit zusammengekniffenen Augen. Sie muss eine sehr attraktive Frau gewesen sein. Der Typ Frau, bei dem es einem die Sprache verschlägt, die es versteht, zu provozieren und die Blicke auf sich zu ziehen, und die sich die Butter nicht vom Brot nehmen lässt. Zweifellos. Man spürt, dass das Feuer in ihr noch nicht erloschen ist.

»Sie tun immer, was ich sage«, erwidert sie. »Wenn sie aus irgendeinem Grund protestieren, muss ich nie lange warten, bis sie zu mir kommen und um Verzeihung bitten.«

»Und wie stellen Sie es an, dass man Ihnen einen solchen Respekt entgegenbringt?«

»Ich bin die Mutter, und wenn sie nicht hören wollen, dann drohe ich ihnen mit der Ehe.«

»Wie habe ich das zu verstehen?«

»Ich sagen ihnen, wenn sie mir nicht gehorchen, werde ich dafür sorgen, dass sie heiraten. Das erschreckt sie und wirkt immer.«

Tsunami Anas Kinder sind erwachsen, alle zwischen dreißig und vierzig Jahre alt.

»Aber was ist so erschreckend an einer Ehe?«

»Sie müssten dann mit einer Fremden zusammenleben, noch dazu immer mit derselben. Außerdem müssten sie arbeiten und für ihren Lebensunterhalt aufkommen. Was das bedeutet, sieht man ja in allen Dörfern, die nicht von Mosuo bewohnt werden. Wenige Stunden von hier liegt ein Dorf der Han. Man muss sich nur die Gesichter der Alten dort anschauen und sie mit unseren vergleichen, dann weiß man Bescheid. Hier geht es den Männern viel besser. Wenn sie ihrer Gefährtin überdrüssig werden, verlassen sie sie und suchen sich eine andere, ohne dass ihnen jemand eine Szene macht. Vor ein paar Tagen hat eine Han-Frau ihren Mann mit der Machete in der Hand vier Kilometer weit verfolgt, bis sie vor Erschöpfung am Fuß des Berges weinend niedergesunken ist. So etwas gibt es bei uns nicht.«

»Es gibt keine verzweifelten verlassenen Frauen?«

Tsunami Ana schweigt einen Moment, atmet tief ein und sagt dann bestimmt: »Für eine Mosuo-Frau bricht die Welt nicht zusammen, wenn ihr Geliebter sie verlässt. Es ist ihr vielleicht nicht gleichgültig, aber es ist nicht das Einzige, was sie im Leben hat. Der Geliebte ist nicht ihr Lebensinhalt.«

Tsunami Ana richtet ihren Zopf. Ich habe den Eindruck, sie ist es nicht gewohnt, so lange mit einem Mann zu reden.

»Sie sagten, dass die Männer nicht arbeiten müssten … Aber sie kümmern sich immerhin um ihre kleinen Nichten und Neffen.«

»Sie spielen mit ihnen und zeigen ihnen Dinge, vor allem den Jungen.«

»Helfen sie auch, Grenzen zu setzen?«

Ich bin mir bewusst, dass ich hier einen Begriff aus unserer westlichen Vorstellungswelt bemühe. Ich möchte wissen, wer die Rolle des autoritären Vaters übernimmt, der ein Machtwort spricht. Der seinem Kind mit einem Nein, das keine Widerrede duldet, deutlich macht, dass es nicht zu nah ans Feuer gehen, das Kabel in Ruhe lassen und aufhören soll, auf den Schrank zu klettern, von dem es allein nicht mehr herunterkommt. Ein Nein, das strenger ist als das liebevolle Nein der Mutter, das womöglich noch einen gewissen Spielraum bietet.

Die Erklärung und die Übersetzung brauchen ihre Zeit.

»Ob der Mann dabei hilft, Grenzen zu setzen? Ja, sicher, das tut er, mehr bei den Jungen als bei den Mädchen. Die Männer können eine Grenze setzen, aber sie sind nicht für die Erziehung der Kinder verantwortlich. Sie beschäftigen sich gern mit ihnen. Das tun die Mosuo-Männer mehr als die Han.«

»Gibt es irgendeinen Bereich, der der Verantwortung der Männer obliegt?«

Tsunami Ana steht auf, geht zum Küchentisch hinüber und füllt einen großen Topf mit Wasser.

»Sie treffen die großen Entscheidungen.«

»Große Entscheidungen?«

»Ja, wenn es etwa um größere Anschaffungen geht, beispielsweise einen Stier, oder um die Suche nach einem geeigneten Platz für einen Hausbau. Auch wenn wir überlegen, in mehr Land zu investieren, gilt ihre Stimme. Große Entscheidungen, na ja, nichts wirklich Wichtiges, aber das können die Männer, und sie nehmen uns damit das ein oder andere Problem ab.«

Die Antwort hat eine seltsame Logik. Mir kommen die Bemerkungen einiger Frauen aus meinem Bekanntenkreis in den Sinn, die es ganz und gar nicht mögen, wenn sie nicht gefragt werden und man über ihren Kopf hinweg entscheidet, aber sie wissen es durchaus zu schätzen, wenn der Mann weiß, was er will, und das auch umsetzt.

Die Mosuo-Frauen kümmern sich um Landwirtschaft, Haushalt und Familie, und sie verwalten das Geld. Aber große Entscheidungen, etwa über einen Anbau, den Kauf eines Tieres oder darüber, wann und wohin man eine Reise unternimmt, überlassen sie lieber den Männern.

Es ist schwer nachzuvollziehen, aber diese tatsächlich »großen Entscheidungen« sind für sie nicht wichtig.

## 12

Wir nächtigen bei Tsunami Ana, sie hat Dorje, Lei und mir einen großen, kalten und unpersönlichen Raum zur Verfügung gestellt.

»Das Essen ist gleich fertig.« Tsunami Ana ist seltsam, ich kenne sie zwar noch nicht lange, aber sie wirkt angespannt, als würde ihr irgendetwas bevorstehen.

Auf dem Tisch stehen mindestens zwanzig Teller, Töpfe und Schüsseln mit Reis, Nudeln, Fisch, verschiedenen Sorten Gemüse und undefinierbaren Brühen in verschiedenen Farben. In einem Schälchen entdecke ich rote, in einem anderen grüne Pfefferschoten, eine Kasserolle ist mit erhitztem Schweinefett gefüllt. Außerdem gibt es mehrere Tassen mit Mehl und zwei Krüge mit Wasser sowie eine Flasche hausgemachten, süßlichen Wein. Die große Auswahl an Speisen zeigt, dass es der Familie gutgeht. Keinesfalls möchte man seine Gäste auf den Gedanken kommen lassen, man würde Not leiden.

Wie geschickt und flink sie mit ihren zwei Holzstäbchen umgehen! Wie mit einem Vogelschnabel schnappen sie in Windeseile nach den begehrten Brocken und führen sie zum Mund. Nicht ohne sie auf dem Weg dorthin noch scharf zu würzen. Ich staune: Die Schoten werden wie Nüsse geknabbert und der Pfeffer wie geriebener Käse auf der Speise verteilt.

Die Familie hat sich mehr oder weniger vollständig zum Abendessen versammelt. Einige sitzen auf niedrigen Bänken etwas abseits vom Tisch, andere auf den Bänken, die abends den älteren Herrschaften als Betten dienen. Von einem Holzbalken hängt eine Lampe herunter. Tsunami Ana sitzt am Feuer, sie rührt kaum etwas an. Sie hat etwas mitzuteilen:

»Hanfei wird bei uns leben.«

Ich suche den Blick von Rugeshi Ana, doch sie weicht mir aus. Alle haben gehört, was die Großmutter gesagt hat. Nur eine der Töchter schaut kurz auf, senkt den Kopf aber sogleich wieder.

Hanfei wird bei uns leben.

Das war alles.

Einer dieser Sätze, die die Zeit in ein Vorher und ein Nachher einteilen.

Ich fühle mich unwohl. Zu Beginn des Mahls unterhielten sich alle vergnügt, doch seit die Matriarchin gesprochen und Fakten geschaffen hat, herrscht Schweigen. Man hört nur das Klappern der Stäbchen.

Deshalb also verhielt sich Tsunami Ana so seltsam und starrte immerzu zur Tür. Hanfei war der Grund.

Ich werde schon herausfinden, was sich hinter den Worten der Matriarchin verbirgt.

Die Tochter am anderen Ende der Bank steht auf, füllt den Wasserkrug, und während sie mir nachschenkt, sagt sie, Rugeshi Ana habe ihr vom Tango erzählt, sie wolle auch mitmachen. Ich erinnere mich, die junge Frau in Luoshui schon einmal gesehen zu haben, als sie sich um das Boot der Familie kümmerte und Zahlungen mit Nachbarn abwickelte. Sie hockt sich neben mich und fängt im Plauderton ein Gespräch mit mir an. Offensichtlich will sie mir meine Befangenheit nehmen. Sie erkundigt sich nach meiner Familie, ob wir auch alle zusammenlebten und wie man es anstellt, wenn man zwei Elternteile zu betreuen hat. Man ist also auf dem Laufenden.

Rugeshi Ana gesellt sich zu uns, und nach einer Weile wage ich mich vor: »Wer ist Hanfei?«

Sie zögern ein wenig, doch dann erzählen sie mir, was es mit Hanfei auf sich hat. Hanfei ist seit Jahrzehnten Tsunami Anas Geliebter und vermutlich auch der Vater all ihrer Kinder. Sie haben nie zusammengelebt, nicht mal einen Tag haben sie gemeinsam unter ein und demselben Dach verbracht, und das hatten sie auch nie vorgehabt. Jeder lebte im Haus seiner Mutter. Tsunami Ana hatte ihren Clan und Hanfei den seinen. Doch seit seinem ersten Besuch in Tsunami Anas Gemach hat Hanfei nie eine andere Frau nachts aufgesucht, und umgekehrt war er der Einzige, der seine Mütze an den Haken ihrer Tür hängen durfte. Ihre Kinder hat Tsunami Ana allein großgezogen, und selbstverständlich hat Hanfei nie wegen ihrer Schwangerschaften seine Alltagsroutine unterbrochen oder ihr bei den Geburten beigestanden.

Brauchte Tsunami Ana einen Mann im Haus, bat sie ihren Bruder um Hilfe, den sie offenbar sehr mochte. Die Geschwister waren sich äußerlich und vom Charakter her sehr ähnlich. Rugeshi Ana kann sich noch gut an ihren Großonkel erinnern: Sie beschreibt ihn als wortkargen und sehr starken Mann. Er konnte die Kinder seiner Schwester mit einer Hand durch die Luft wirbeln, auch als sie schon älter waren. Wenn ein Haus gebaut wurde, schleppte er allein die größten Holzstämme, für die man normalerweise die Kraft zweier Männer benötigte.

Die Geschwister wuchsen in ärmlichen Verhältnissen auf. Die Mutter starb, als sie noch jung waren, und da es keine erwachsene Frau gab, die die

Matriarchin hätte ersetzen können, musste Tsunami Ana, damals noch ein Kind, Hand anlegen. Allmählich mehrten sich der Besitz und auch die Nachkommenschaft.

Als ich nachfrage, warum einige von Tsunamis Kindern in Luoshui leben, bekomme ich eine simple Antwort: Das Haus wurde zu klein, und es bot sich die Möglichkeit, ein Saatfeld in der Nähe des Sees zu bekommen. Weil die Angelegenheit die gesamte Familie anging, durften alle Familienmitglieder ihre Meinung äußern, und am Ende beugte man sich in altbewährter Manier dem Votum der Matriarchin. Man ging davon aus, dass sie das Wohl aller im Blick hatte.

»Hieß es nicht, große Entscheidungen träfen die Männer?«

»Schon, aber in diesem Haus gilt das wirklich nur für die ganz großen«, erwidert Rugeshi Ana.

Wie auch immer. Die Initiative trug Früchte, und die Lebensbedingungen verbesserten sich. Dennoch hat Tsunami Ana das Haus ihrer Mutter nie verlassen. Nur selten hat sie sich aus diesem Dorf, Yunnin, in dem die Uhren anders ticken und wo sie jeden Einwohner kennt, fortbewegt, nicht einmal, um in den Genuss eines bequemeren Heimes zu kommen.

Ihr Bruder starb, als sein Lkw auf der Strecke abstürzte, die auch wir hierher genommen hatten. Er hinterließ eine große Lücke in Tsunami Anas Leben, die ihre bereits erwachsenen Söhne so gut wie möglich zu schließen versuchten.

Nicht einmal in dieser Zeit wäre es für Rugeshis Großmutter denkbar gewesen, Hanfei ins Haus zu holen. Eine Matriarchin will keinen Mann.

Tsunami Ana ist rüstig, sie hat die siebzig überschritten, und es sieht so aus, als habe sie noch ein großes Stück des Weges vor sich.

Hanfei, ihr Geliebter, hatte nicht so viel Glück im Leben wie sie, er hat keine Ländereien in der Nähe des Sees oder eine große Familie mit jungen, tatkräftigen Händen, und er verfügt auch nicht über die Robustheit, die sie immer noch an den Tag legt.

In den letzten Monaten haben sie sich nur selten gesehen, erst als Hanfei anfing, immer schlimmer zu husten, und Erstickungsanfälle bekam, ging sie regelmäßig zu ihm, um sich nach seinem Gesundheitszustand zu erkundigen. Er kann nicht mehr im Bett liegen, er schläft im Sitzen mit zwei Kissen unter dem Arm. Im Winter wird sich sein Zustand verschlechtern, dessen sind sich alle sicher.

Und darum hat Tsunami Ana beschlossen, dass der Mann, mit dem sie über so lange Zeit ihre Nächte geteilt hat, an ihrer Seite sterben soll. Sie will bis zum letzten Atemzug bei ihm sein. Es ist besser, ihn ins Haus zu holen, damit sie gleich zur Stelle ist, wenn er sie braucht.

Ich habe aufmerksam zugehört und spüre, dass hinter diesen energischen Gestalten, die alles im Griff haben, immer auch eine fürsorgliche und liebende Frau steht, und dass sie das nie verbergen.

Ich überlege: Würde ein Mann von diesem Temperament in der Situation dasselbe tun?

Am nächsten Morgen gehe ich direkt auf Tsunami Ana zu, obwohl ich ja weiß, wie unduldsam sie uns Männern und unseren Begrenzungen begegnet, und frage sie:

»Was ist besser für eine Frau, viele Männer zu haben oder einen einzigen?«

»Einen einzigen«, sagt sie ohne Zögern.

»Warum?«

»Weil es zeigt, dass sie Frau genug ist, einen Mann über viele Jahre zu faszinieren. Das ist es wert.« Dann hebt sie die Augenbrauen, richtet ihren Zopf und fragt: »Buttertee?«

Auf der Rückfahrt schauen wir alle aus dem Fenster und wechseln kaum ein Wort. Das Erlebte bedarf keines Kommentars.

Rugeshi Ana möchte in einem nahe gelegenen Dorf haltmachen, um einen ihrer Cousins auf seiner Baustelle zu besuchen. Es ist ein kleiner, belebter Ort. An der Hauptstraße steht ein Geschäft neben dem anderen, sie schließt ab mit einem Tempel. Etwa ein Dutzend Männer ist mit den Renovierungsarbeiten des Heiligtums beschäftigt. Sie sind dabei, die Außenmauern einzurüsten. Doch der wahre Notfall offenbart sich erst, wenn man die Treppe hochsteigt: Das Dach ist eingestürzt. Rugeshi Anas Cousin, ein buddhistischer Mönch mit orangefarbener Tunika, rasiertem Schädel und in Sandalen, zu denen er Strümpfe trägt, ist mit der Überwachung der Bauarbeiten betraut.

Sie geht auf ihn zu, die beiden unterhalten sich angeregt. Nach einer Weile kommt sie zurück und fragt mich, ob der Mönch bis zur nächsten Gemeinde mitfahren darf.

Ein tibetischer Fahrer, eine künftige Matriarchin, ein Dolmetscher und mutmaßlicher Informant der Staatssicherheit und ein neugieriger Südamerikaner in einem Jeep – da macht sich ein buddhistischer Mönch als Fünfter im Bunde doch nicht schlecht.

Der Mönchscousin scheint ein lustiger Zeitgenosse zu sein, meine Mitfahrer jedenfalls kommen aus dem Lachen nicht heraus. Er schnattert die ganze Zeit und gestikuliert, als würde er jemanden nachahmen. Ich frage erst gar nicht nach einer Übersetzung, mir ist klar, dass Scherze ihre Würze verlieren, wenn sie erklärt werden müssen.

Als wir uns verabschieden, frage ich Rugeshi Ana, ob alle in ihrer Familie denselben Sinn für Humor hätten. Sie schüttelt den Kopf. Nein, ihr Bruder sei ein mürrischer Kerl und er habe keinen guten Charakter.

»Führt das nicht zu Konflikten mit der Matriarchin?«

Sie sagt, er sei bei der Regierung angestellt. »Es ist der Parkwächter.«

Der Muffel am Kartentisch vor dem Haus der Anas in Luoshui ist also ein naher Verwandter dieser sympathischen jungen Frau.

»Ah, kann ich mit ihm sprechen?«

»Klar, morgen kommen die Mönche aus dem See-Kloster zu uns. An der Feier nehmen fast alle Dorfbewohner teil. Dann können wir uns mit ihm verabreden.«

## 13

Der bevorstehende hohe Besuch der Mönche vom Lugu-See in Luoshui ist Anlass genug für mich, über die buddhistische Erleuchtung nachzugrübeln.

Ich frage mich, was wäre aus dem Buddhismus geworden, hätte Siddharta Gautama nicht nach der Erleuchtung gestrebt und seine Schüler nicht auf ebendiesen Weg geführt?

Siddhartas Vater, der König von Lumbini, wollte jeden Schmerz von seinem geliebten Sohn fernhalten und hatte deshalb angeordnet, dass alle Gefolgsleute, die sichtbare Zeichen von Alterung aufwiesen, ersetzt werden müssten – dem Sohn sollten die Vorboten des Todes verborgen bleiben. Und so dachte Siddharta, der immer nur von jungen Menschen umgeben war, dass die Jugend ewig währe. Worte wie Schmerz, Alter und Tod existierten in seinem Sprachschatz nicht.

Doch im Alter von neunundzwanzig Jahren, er war bereits verheiratet und hatte einen Sohn, hatte er auf seinen Spaziergängen außerhalb des Palastes vier schicksalhafte Begegnungen, die die treue Dienerschaft des Königs nicht zu verhindern vermochte: Er traf auf einen verkrüppelten Greis, einen Fieberkranken, einen Asketen und einen verwesenden Leichnam.

Danach sah er die Welt mit anderen Augen.

Ihm wurde bewusst, dass die Reinkarnation nicht neues Leben bedeutete, sondern die Fortsetzung eines Zyklus des Leidens. Sollte er weiterhin die Augen davor verschließen oder sich damit beruhigen, dass alles Leid die Kehrseite der Freude war? Oder sollte er gegen das Leid der Menschen zu Felde ziehen?

Er entschied sich für Letzteres – das war über fünfhundert Jahre vor Beginn der christlichen Zeitrechnung.

Eine der wesentlichen Lehren des Buddhismus besagt, dass Gier, Verlangen und Leidenschaft den Menschen an Erwartungen fesseln. Wer nichts verlangt, dem wird auch nichts versagt. Wer das Verlangen in sich auszulöschen vermag und die Gebundenheit an das, was Leiden schafft, überwindet, dem ist der Weg zur Erleuchtung geebnet, er vermag das Nirwana zu erreichen.

Es ist kein einziges Wölkchen am Himmel zu sehen, und die Luft ist klar, ein Wetter, wie gemacht für ein buddhistisches Fest. Am Dorfeingang ragt eine Landzunge in den See hinein, dort finden die Festlichkeiten statt.

Die Mönche haben sich inzwischen in einem kleinen Zelt versammelt, in dem man nur sitzen kann. In zwei Reihen haben sie Platz genommen, vor sich ein Brett, auf dem sie verschiedene Gegenstände mit Inschriften in Sanskrit abstellen – Glocken, drehbare Zylinder, Metallrohre.

Ich höre ihre Gebete. Um den Rhythmus vorzugeben, schlagen die Mönche ihre Trommeln. Ein Glockenklang markiert das Ende des einen und den Beginn des nächsten Gebets. Sie wiederholen die Gebete im Chor, stundenlang, und genau in dieser Wiederholung liegt die Kraft dieser Kulthandlung. Sie rückt das Bewusstsein auf eine andere Ebene. Als träte man aus sich heraus und betrachtete sich von einem Standpunkt aus, der nicht mehr an die Materie gebunden ist.

Ich gehe zu Sanshie, sie ist damit beschäftigt, in einem riesigen Topf herumzurühren. Sinshie, in ihren neuen Kasack gehüllt, hilft ihr dabei.

»Sanshie, warum sind die Mönche hierhergekommen? Was genau wird gefeiert?«

»Der Tag, an dem die Mönche ins Dorf kommen«, sagt sie betont nachsichtig. Sanshie behandelt mich eben wie einen Mann.

Schon in der Frühe konnte ich beobachten, wie am Ufer in einer mindestens fünfzig Meter langen Reihe lauter Haufen aus Reisig aufgeschichtet wurden. Davor sitzt nun eine alte Frau, hin und wieder hebt sie eine Hand, als wollte sie etwas aus der Luft fangen. Auch diese Geste hat etwas Feierliches. Weiter entfernt laufen Kinder zwischen dem Reisig hin und her.

Ich halte Ausschau nach Yasi Tu Ma, meiner Matriarchin, doch ich kann sie nirgends entdecken. Zu gern würde ich sie einmal außerhalb ihres privaten Reiches in einer Gruppe von Menschen erleben.

Zwölf Mönche machen sich an einer improvisierten Druckmaschine unter freiem Himmel zu schaffen. Sie pressen gelbe und rote Fähnchen auf die in Tinte getauchten Schriftzeichen einer Metallplatte. Anschließend hängen sie die Wimpel zum Trocknen auf Seile, nach und nach füllt sich der Ort mit in der Luft wehenden Mantras.

Der Buddhismus hat einige Praktiken aus dem Hinduismus übernommen, etwa das Tantra. Der Tantrismus arbeitet unter anderem mit Mantras, bei denen durch repetitives Rezitieren von kurzen, formelhaften Wortfolgen Schwingungsrhythmen erzeugt werden, die auf das Unterbewusstsein wirken. Auch der Umgang mit der sexuellen Energie

Li Jien Ma. Bei den Mosuo bestimmen die Frauen, wo es langgeht, und sie genießen Privilegien, die den Männern versagt bleiben.

Eine junge Mosuo-Frau rudert Passagiere über den See.

In Luoshui existieren zwei Formen von Zeit: die davonfliegende, stets knappe Zeit der Frauen und die zähe, im Überfluss vorhandene Zeit der Männer.

Der Lugu-See ist einer der größten Gebirgsseen Asiens.

Junge Mosuo-Frauen treffen sich und tauschen Neuigkeiten aus.

Im Reich der Frauen ruhen sich die Männer aus.

Warten auf Passagiere.

Ein Teehaus in einem Mosuo-Dorf.

Eine Mosuo-Frau wäscht auf einem improvisierten Steg.

In der matriarchalischen Gesellschaft lebt die Großfamilie mütterlicherseits unter einem Dach, und alle kümmern sich um alle.

Im Haus von Tsunami Ana: Die Feuerstelle ist in jedem Mosuo-Haushalt von zentraler Bedeutung, die Frau ist dafür verantwortlich, dass das Feuer nie ausgeht.

Rugeshi Ana, die Enkelin von Tsunami Ana, studiert Journalistik in Peking.

Tsunami Ana mit ihrem Enkel auf dem Rücken; wenn die Männer ihr nicht gehorchen, droht sie ihnen mit der Ehe.

Yasi Tu Ma, Matriarchin des Hauses Ma, ist auffallend jung und auffallend energisch.

Der aus Yak-Wolle gefertigte Kopfputz der Mosuo-Frauen ist mit Bändern aus weißen Perlen und silbernen Spangen verziert und wird im Frühjahr zusätzlich mit Blüten geschmückt.

Der traditionelle weiße Rock über der Hose ist trotz staubiger Straßen stets tadellos sauber.

Lei, mein Dolmetscher, übersetzt die politischen Erklärungen der Männer.

Zwei Mosuo-Männer vor dem glasklaren Lugu-See, dessen Schutz ihnen am Herzen liegt.

Mosuo-Männer treffen die »großen Entscheidungen«.

Renovierungsarbeiten an einem buddhistischen Tempel – das Dach ist eingestürzt.

Die Mosuo feiern den »Tag, an dem die Mönche ins Dorf kommen« – eine Frau kommt schwer beladen mit Reisig für das Fest zurück.

Auf dem Höhepunkt des Festes wird das Reisig entzündet, es entsteht ein süßlich riechender Nebel.

Eine Matriarchin überwacht die Arbeiten im Haushalt.

Mosuo-Frauen hängen die für das buddhistische Fest gedruckten Mantras zum Trocknen auf. Nach und nach füllt sich der Ort mit wehenden gelben und roten Fähnchen.

Wenn es um Verführung geht, legen die Matriarchinnen ihre Autorität ab, sie lassen sich mit Vergnügen von den Männern umwerben, spielen mit ihren weiblichen Reizen und sind gewillt, sich dem Begehren hinzugeben.

Sie gibt ihm Anweisungen.

Eine Mosuo-Mutter spielt mit ihrem Sohn am Ufer des Lugu-Sees.

Die Mosuo-Frau lebt, wie sie lebt, und hat dabei das Gefühl, an ihrem Platz zu sein.

ist wichtig, denn erotische Lust wird als mystische Erfahrung angesehen. Durch Erreichen eines hohen Grades an Konzentration, so offenbarte Shiva seiner Frau Parvati, könne man den Höhepunkt lange hinauszögern. Das erlaube den Liebenden, sich in eine Ekstase hineinzusteigern, die dem weiblichen Orgasmus ähnele – die weibliche Sexualität wurde, anders als die männliche, in die Nähe des Mystischen gerückt. Die Konzentrationsübung, die Shiva vorschlug, sollte beiden Partnern größtmögliche Erfüllung schenken und dem Mann erlauben, am mystischen Weiblichen teilzuhaben.

Die vorherrschende Religion bei den Mosuo ist der tibetische Buddhismus, eine Religion also, die keinen allmächtigen Gottvater kennt, sondern mehrere und menschliche Götter verehrt. Götter, die nie auf den Gedanken kamen festzulegen, was erlaubt und was verboten ist. Die Lehre vom Rad der Reinkarnation, dem Karma und der Erleuchtung ist unabhängig von ihnen entstanden.

Die tibetische Variante des Buddhismus heißt Lamaismus – eine Hommage an ihre Meister, die Lama-Mönche. Der Lamaismus umfasst verschiedene Orden, unter anderem den Gelugpa-Orden, zu dem das Kloster am Lugu-See gehört; an seiner Spitze stehen der Dalai Lama und der Panchen Lama. Alle Mitglieder dieses Ordens leben zölibatär.

Im Buddhismus ist es auch Frauen vergönnt, den Zustand der Erleuchtung zu erreichen. Eine der berühmtesten, der dies gelang, ist die Göttin Tara, die den Rat der Mönche in den Wind schlug, für ihre Wiedergeburt im Körper eines Mannes zu beten, damit sie der Erleuchtung näherkäme. Sie wollte es auf ihrem eigenen Weg schaffen, und es ist ihr gelungen. Ihr Kult entwickelte sich in Tibet im 11. Jahrhundert unter dem Einfluss einer Sekte, die als Vorläufer des Gelugpa-Ordens gilt.

Der Begründer des tibetischen Buddhismus, Padmasambhava (»der aus dem Lotus Geborene«), lehrte: Es braucht einen menschlichen Körper, um zur Erleuchtung zu gelangen, ob Mann oder Frau, macht keinen Unterschied. Aber für den, der entschlossen ist, in sich den Geist des Erwachens zu entfalten, ist ein Frauenkörper günstiger. Dennoch ist keine Frau je Lama geworden. Dabei waren von Anbeginn Nonnen im Buddhismus vertreten, in Nepal gibt es sogar Klöster, wo sie in der Mehrzahl sind.

Alle großen buddhistischen Orden haben Unterorden. Einer von ihnen lehnt Frauen als Lamas oder religiöse Autoritäten generell ab, mehr noch: er akzeptiert sie nicht einmal als Nonnen.

Ausgerechnet diesem Unterorden folgen die Mosuo-Matriarchinnen in ihrem Glauben.

Vom Ufer her steigt Rauch auf. Die alte Frau, die das Reisig beaufsichtigte, scheint auf den geeigneten Moment gewartet zu haben, es zu entzünden. Es entsteht ein süßlich riechender Nebel, der mir in die Nase steigt und Schwindel erzeugt. Stellenweise ist er so dicht, dass man die alte Frau nicht mehr erkennen kann.

Das Fest strebt seinem Höhepunkt entgegen. Die jungen Mosuo-Männer, in der Region für ihre Musik bekannt, spielen eine Melodie auf der Flöte. Ein ungewohnter Anblick für mich, der ich sie bisher nur mahjong- oder kartenspielend kenne.

## 14

Nun bin ich schon drei Wochen am Lugu-See, es wird Zeit, endlich auch mit den Männern im Dorf Gespräche zu führen. Merkwürdig, wenn ich bei anderen Gelegenheiten Kontakt mit fremden Kulturen suchte, waren es immer die Männer, die mir die Tür zur Gemeinschaft öffneten. Sie luden mich zu sich nach Hause ein und waren um ein freundschaftliches Verhältnis bemüht. Seit ich unter den Mosuo weile, muss ich mich, wenn ich eine Information benötige, Besorgungen erledigen oder Unternehmungen koordinieren will, an eine Frau wenden. Hier hat man so gut wie nie mit einem Mann zu tun.

Yujin Shi Ana, Rugeshi Anas Bruder, wird mein erster männlicher Interviewpartner sein. Ich treffe ihn vor dem Hauseingang der in Luoshui angesiedelten Familie von Tsunami Ana.

Da sitzen sie. Acht Männer, versammelt um einen Tisch, auf dem 144 verdeckte Mahjong-Spielsteine – sie heißen »Ziegel« – zu einer Mauer gestapelt sind, die ein Quadrat beschreibt. Es gibt Farbziegel (Grundfarben: Bambus, Zahl und Kreis; sie sind von 1 bis 9 nummeriert und jeweils vierfach vorhanden) und Trumpfziegel (die vier Winde und die drei Drachen in vierfacher Ausführung; die vier Blumen und die vier Jahreszeiten, die sogenannten Hasardziegel, sind nur jeweils einmal vorhanden). Vier Spieler erhalten zu Beginn eine bestimmte Anzahl an Ziegeln, im Verlauf der Partie versuchen sie durch Ziehen und Abwerfen von Steinen möglichst wertvolle Kombinationen gleichartiger oder aufeinanderfolgender Ziegel zu sammeln. Die übrigen vier Männer schauen zu. Der Parkwächter fängt an.

Jeden Tag habe ich diese Männer bei dieser Beschäftigung beobachten können, stundenlang. Manchmal schon am Morgen. Erwachsene, arbeitsfähige Menschen, die ihre Lebenszeit mit Spielen verbringen – warum protestiert keine der Schwestern, Mütter, Geliebten?

Die Frage erscheint mir als guter Einstieg für das Interview.

»Von meiner Schwester kommen keine Klagen«, gibt Yujin Shi Ana lapidar zurück.

»Und Ihre Geliebte?« Beinahe hätte ich »Frau« gesagt, ich kann mich einfach nicht daran gewöhnen.

»Meine Geliebte? Warum sollte sie?«

Warum sie sollte? Man braucht nur aufzuschauen, und schon entdeckt man überall vielbeschäftigte Frauen.

Doch er sagt: »Die Mosuo-Frauen wissen, dass sie arbeiten müssen, und sie wissen, dass sie dafür am besten geeignet sind.«

Ich bohre weiter: Wie sieht sein Tagwerk aus?

Woraufhin er mir knapp erklärt, er kümmere sich um den Erhalt der Umwelt.

Damit versiegt sein nicht zu bremsender Redefluss. Mehr ist aus ihm nicht herauszuholen. Sich mit ihm zu unterhalten ist, als klopfe man an die Tür einer leerstehenden Wohnung und erwarte, dass jemand aufmacht. Ich erhebe mich, gehe wieder ins Haus und suche Rugeshi Ana. Sie ist in der Küche und lässt sich von mir nicht bei ihrer Arbeit unterbrechen.

»Er ist ganz schön abweisend.«

»Zumindest gibt er sich so, vor allen Dingen mir gegenüber, weil ich die Jüngste bin. Im Beisein meiner älteren Schwester ist er lammfromm.«

Rugeshi bittet mich, kurz zu warten, und kehrt wenig später mit ihrer Schwester, der Matriarchin, zurück. Diese ist ungefähr vierzig, kleiner und schlanker als Rugeshi. Mit gemischten Gefühlen beobachte ich, wie sie sehr entschlossen auf die Tür zusteuert. Ich bin überzeugt, dass ich mir gerade einen Feind fürs Leben schaffe. Die Demütigung vor seinen Freunden wird Yujin Shi mir niemals verzeihen.

Aber, nein. Ich vergaß, dass die Uhren hier anders ticken. Als er seine Schwester erblickt, steht der mürrische Parkwächter in vorauseilendem Gehorsam auf und überlässt seinen Platz einem anderen. Es ist etwas Kindisches in seinem Verhalten. Er beeilt sich, eine Entschuldigung vorzubringen, dann, als wäre nichts geschehen, gehen alle wieder zurück auf ihren Posten.

Ich verdrücke mich ebenfalls und beschließe, mein Glück an der Bootsanlegestelle zu probieren, wo die Ankunft der Mönche gefeiert wurde.

Die Boote, insgesamt etwa zwanzig, sind rustikal, aber solide aus gut gewachsenen Holzstämmen gebaut. Sie liegen halb im Wasser, halb an Land, damit sie nicht durch die Strömung abgetrieben werden.

In einem Boot finden zwischen acht und zehn Leute Platz. Für ein paar Yuan kann man sich zum Tempel oder in einen Nachbarort rudern lassen und sich einen langen Fußmarsch ersparen.

Der Personentransport auf dem Wasser ist neben Ackerbau und Viehzucht eine der wenigen Erwerbsquellen im Dorf, weshalb die damit verbundenen Aufgaben und Einnahmen gerecht unter den

Familien aufgeteilt werden. Jede muss ein Mitglied stellen, das in Schichten von sechs Stunden beim Bau der Boote mitwirkt, und später werden die Passagiere in turnusmäßigem Wechsel einem Ruderer zugeordnet. Die Einnahmen kommen in einen gemeinsamen Topf, aus dem alle Familien zu gleichen Teilen entlohnt werden. Damit vermeidet man Streit um Fahrten und ein schlechtes Klima unter den Bewohnern.

Ich sitze seit bald zwei Stunden hier und genieße die Ruhe am Wasser. Trotz meines lächerlichen blauen Regencapes bin ich keine Attraktion mehr, niemand hält sich mehr an mir auf. Das kommt mir nicht ungelegen, so kann ich unbehelligt mein Stativ aufbauen und in aller Ruhe ein paar Fotos schießen.

Zunächst entscheide ich mich für eine Panorama-Aufnahme, dann fotografiere ich mehrere Boote samt »Besatzung«. Schließlich konzentriere ich mich auf die Details: eine sitzende Frau, die ein Bein aus dem Boot hängen lässt. Sie winkt jemandem am Ufer zu. Er steigt ein. Sie löst das Tau, stößt den Kahn ab, er entschwindet meinem Blickfeld.

In einem anderen Boot ist eine Frau mit Putzarbeiten beschäftigt. Sie schafft eimerweise Wasser aus dem Kahn und schrubbt und schrubbt. Ich drücke ab. Hinter meiner Kamera fühle ich mich manchmal wie ein Heckenschütze.

Die übrigen Boote sind in männlicher Hand. Von Aktivität keine Spur. Einer erledigt seinen Job in der Horizontalen, er hat sich für ein Nickerchen auf den Sitzbänken entschieden, den Hut über die Augen gezogen, die Arme vor der Brust gekreuzt. Seine Stiefel hat er ausgezogen und präsentiert der Welt seine himmelblauen Socken. Ich drücke wieder ab.

Der Kollege im Nachbarboot liest eine Zeitschrift. Der Bericht muss besonders interessant sein, denn der Ruderer bemerkt nicht, dass er vom Ufer abgetrieben ist. Ich bin irritiert, denn der Kerl blättert gar nicht um. Ich fotografiere auch ihn. Als die Strömung das Boot wendet, sehe ich, dass auch er schläft.

Am Anlegesteg hocken sechs Männer mit Hut und Zigarette nebeneinander, die aus der Ferne vollkommen identisch aussehen: gleiches Alter, gleiche Statur, gleiche Kleidung und gleiche Haltung – als reproduzierte man mit Hilfe einander gegenüberstehender Spiegel immer wieder dasselbe Bild.

Unter einem Baum entdecke ich ein Grüppchen von vier Männern und zwei Frauen. Die Frauen flicken Kleidungsstücke, ihre Bewegungen sind so flink, dass es aussieht, als tanzten die Nadeln ein wildes Menuett mit den Fingern. Die Männer liegen auf ihren Jacken und dösen. Wahrscheinlich erforschen sie andere Dimensionen. Nur einer wälzt sich unruhig hin und her. Muss am Stress liegen.

Zwei Frauen kommen die Straße entlang, sie transportieren Holz in einer Art Rucksack aus Weidengeflecht, der zusätzlich mit einem Gurt am Kopf gesichert ist. Wie ein langes Haarband liegt der Gurt über der Stirn. Sie grüßen mich mit einem Kopfnicken, ohne aus dem Gleichgewicht zu geraten. Ihre Last muss doppelt so schwer sein wie sie selbst.

Ich verstaue meine Fotoausrüstung und rufe Lei, der rauchend am Ufer steht. Ich möchte mit den Interviews fortfahren, am liebsten würde ich die müden Bootsführer befragen. Ihre Kollegin scheint meinen Gedanken zu erraten und rüttelt einen von ihnen wach, bevor sie selbst mit einem Fahrgast davonrudert.

Allgemeines Gähnen. Der eine ist überrascht, als Lei ihm mein Anliegen vorträgt, lächelt aber zustimmend.

»Ich heiße Yanduchie und bin vierzig Jahre alt. Ich bin für das Boot meiner Familie verantwortlich. Ich bringe die Fahrgäste ans andere Seeufer«, stellt er sich vor meiner laufenden Videokamera vor.

»Gibt es viel zu tun?«

»Ja.«

»Bei wem wohnen Sie?«

»Bei meiner Mutter. Wir sind eine große Familie, sechsunddreißig Leute.«

»Leben Sie alle zusammen?«

»Ja, klar. Meine Mutter, meine Großmutter, Onkel und Tanten, meine Geschwister und meine Nichten und Neffen.«

»Welche Rolle hat der Mann in einer Gesellschaft wie dieser?«

»Der Mann hat eine große Verantwortung, weil er Geld verdienen muss und zum Unterhalt der Familie beiträgt.«

»Arbeiten die Männer hier hart?«

»Ja, ich weiß, es heißt, der Mosuo-Mann sei faul, aber sowohl Männer als auch Frauen haben die Verpflichtung zu arbeiten. Ich würde behaupten, die Verantwortung des Mannes ist ein wenig größer.«

Mein Eindruck ist ein anderer. Wie es einer Gemeinschaft von Müttern entspricht, werden die Männer wie Kinder behandelt. Ich frage mich, ob das nicht Einfluss auf die erotische Anziehungskraft dieser Männer hat. Die Frauen verhalten sich wie verantwortungsvolle Erwachsene, sie nehmen ihre Arbeit ernst. Der Mann hingegen erhält Befehle, er wird gescholten, und man lässt ihn gewähren. Der Mosuo-Mann verbringt viel Zeit mit seinen Freunden, fühlt sich für nichts verantwortlich, wechselt ständig die Geliebte und wohnt das ganze Leben bei seiner Mutter.

Es mag vorkommen, dass ein Patriarch von seinem Thron aus auf den Besitz, der ihn umgibt, hinabschaut. Die Matriarchin hingegen ist immer mitten im Geschehen. An den Ufern des Lugu wird man nicht erleben, dass eine Frau einen Mann um ein Glas Wasser bittet.

Der Bootsführer, der über seiner Zeitschrift eingeschlummert war, ist plötzlich hellwach und unterstreicht alles, was sein Kollege sagt, mit einem nachdrücklichen Nicken.

»Wie sah Ihre Kindheit aus?«

»Ich war nicht sehr gut in der Schule, deshalb haben sie mich irgendwann heruntergenommen.«

»Ist es üblich, dass man ein Kind von der Schule nimmt?«

»Jetzt kommt das nicht mehr so oft vor, aber früher schon. Wenn da ein Junge nicht gut in der Schule war und sich nicht anstrengte, nahm die Familie ihn sofort aus der Klasse.«

»Und die Mädchen?«

»Die Mädchen nie, die waren immer wissbegierig.«

Ein junger Mann, den ich nie zuvor gesehen habe, hockt sich im Schneidersitz und mit gesenktem Kopf neben uns. Immer wenn ich etwas frage, hebt er interessiert den Blick.

»Wer hat früher auf Sie aufgepasst?«

»Mein Onkel. Mit ihm habe ich viel Zeit verbracht.«

»Und Ihre Mutter?«

»Die war die meiste Zeit auf dem Feld.«

Der junge Mann im Schneidersitz möchte etwas einwerfen, doch Lei gibt ihm ein Zeichen, dass er sich gedulden möge.

»Haben Sie eine feste Beziehung?«

»Nein, im Augenblick nicht, aber hier ist es nicht schwierig, eine Frau für die Nacht zu bekommen.«

Der im Schneidersitz lässt nicht locker, er will unbedingt etwas loswerden, aber Lei beschwichtigt ihn erneut.

»Was ist los, Lei?«

»Er fragt, ob das Interview im Fernsehen kommt oder veröffentlicht wird.«

»Sag ihm, ich glaube nicht, dass es im Fernsehen kommt, aber ich hoffe, dass es veröffentlicht wird.«

Lei übersetzt, und sogleich erhebt sich Alatashi – so heißt der junge Mann – und gestikuliert herum. Er will auch etwas ins Mikrofon sagen (man hatte mir zur Verbesserung der Tonqualität vor meiner

Abreise zu einem externen Mikrofon geraten). Als ich es ihm gebe, beruhigt er sich und setzt sich wieder hin.

Das Mikrofon in der Hand, schaut er mit ernster Miene in die Kamera. Ein schmächtiger Kerl mit großen Händen. Er unterscheidet sich von den anderen Männern im Dorf vor allem durch seine Art zu reden, sie ist besonnener, bestimmter.

»Man soll wissen, dass wir zu unserer Lebensform stehen«, sagt er.

»Was meinen Sie damit?«

»Dass die Frauen hier das Sagen haben, ist Teil unserer Kultur. Ebenso verhält es sich mit der Besuchsehe, unserer Form der Beziehung zwischen Mann und Frau. So leben wir, seit es die Mosuo gibt, und das sollte respektiert werden.«

Das ist die erste politische Erklärung, die ich höre, seit ich in Luoshui angekommen bin. In keinem meiner Interviews hat sich eine Frau in vergleichbarer Weise geäußert.

Alatashi fährt fort: »Die Han, unsere Nachbarn, leben anders, mehr im Sinne der übrigen Bevölkerung Chinas, aber wir sind mit unserer Lebensform zufrieden. Minderheiten sollten respektiert werden. Wie Yanduchie, das Vizeoberhaupt, sagt: Auch wir Männer haben unsere Verantwortungsbereiche.«

»Yanduchie ist das Vizeoberhaupt?«

»Ja, und er hätte Ihnen das sagen und Ihnen erklären müssen, was wir wollen.«

Ich schaue Yanduchie an und frage ihn: »Sie sind der zweite Mann, der Stellvertreter von Lu Gu Pintsa?«

»Ja.«

»Und warum haben Sie das nicht gesagt?«

Er lächelt nur, und ich frage nicht weiter nach. Ich wende mich wieder Alatashi zu.

»Und was sind die Forderungen?«

»Wir möchten als Minderheit anerkannt werden. Wir sind der Ansicht, dass das Matriarchat uns kulturell von anderen Völkern unterscheidet, und wir wollen mit unserer Lebensform respektiert werden.«

»Aber wer will Ihnen die Lebensform streitig machen?«

»Im Moment niemand, aber in der Vergangenheit hat die Zentralregierung das Militär hergeschickt, damit sie die Mosuo-Kultur ausrotten. Sie haben die Leute gezwungen zu heiraten. Meine Mutter erzählt, das Heer habe bestimmt, wer mit wem zusammenleben sollte, da die Mehrzahl der Ortsansässigen keinen festen Partner hatte. Was sich in den einzelnen Häusern abspielte, muss unerträglich gewesen sein – eine Division der Roten Armee als Kupplerin!«

## 15

Natürlich machten die Wechselfälle in der Geschichte Chinas auch vor den Mosuo nicht halt. Zur großen Freude der einen und zur Besorgnis der anderen erklärte Mao Tse-tung am 1. Oktober 1949 den Sieg der Revolution. Worte, die das Ende eines langen Kampfes markierten und die Geburtsstunde einer neuen Nation bedeuteten. Fortan schmückte Maos Profil die Reverskrägen, Mützen und Hemden der Bauern, Arbeiter und Studenten. Man hoffte, die Ideologie der Bewegung würde sich ebenso rasch durchsetzen, und hielt die Gelegenheit für gekommen, mit der Vergangenheit zu brechen und eine homogene Kultur zu schaffen.

Als matriarchalische Gesellschaft waren die Mosuo der neuen Regierung ein Dorn im Auge: Sie führten ein aktives Liebesleben, die vielgepriesene Institution der Ehe ignorierten sie. Und dass die Figur des Vaters keinerlei Bedeutung hatte, durchkreuzte die Pläne, Mao zum Vater und Oberhaupt aller Chinesen zu erheben.

1950, ein Jahr nach der historischen Erklärung auf dem Platz des Himmlischen Friedens, verurteilte die Regierung der Provinz Yunnan die Liebesbeziehungen der Mosuo als primitive Praxis, die nach der neuen Ordnung der Volksrepublik China illegal war. Es sei nicht zu dulden, dass die Männer, anstatt zu arbeiten und produktiv zu sein, lediglich auf ihr abendliches Stelldichein hinlebten. Das neue Regime war der Meinung, durch diese Praxis ginge dem Land Arbeitskraft verloren, die so dringend benötigt wurde, um die Wirtschaft anzukurbeln.

Sechs Jahre später, während der Agrarreform, startete man einen ersten Anlauf, das Matriarchat auszurotten. Wenn die Männer sich bereit erklärten, sich von ihren Müttern zu trennen und eine eigene Familie zu gründen, so wie es im übrigen Land Usus sei, würden sie das Besitzrecht an dem Land erhalten, das sie bebauten. Tatsächlich jedoch gab es keinerlei Nachfrage nach Parzellen zu diesen Bedingungen, der Versuch, die Männer durch das Versprechen von Landbesitz dazu zu verführen, eine patriarchalische Gesellschaft aufzubauen, schlug fehl.

1958, gleich nachdem der »Große Sprung nach vorn« als Parole ausgegeben war, schickten die Behörden die ersten Arbeitsbrigaden zu den Mosuo, um ein monogames sozialistisches System einzuführen. Schluss mit der Libertinage: Kommt zur Vernunft und heiratet. Die Frage war nur, wer wen heiraten sollte.

Die wenigen Paare, die dem Aufruf folgten, hatten große Schwierigkeiten im täglichen Zusammenleben. Wer in das Haus der Familie seines Partners zog, wurde dort als Eindringling betrachtet. Die Matriarchinnen waren die Ersten, die offen gegen den Appell zur Heirat protestierten. Sie wollten nicht zulassen, dass man ihnen die Töchter wegnahm, damit sie bei einem Fremden lebten. Und auch die jungen Mädchen verstanden nicht, warum sie ihre Mütter verlassen sollten, um bei einer anderen Familie zu wohnen.

Man stelle sich vor, die Regierungen der westlichen Hemisphäre würden uns nötigen, den Partner nach zwanzig Jahren harmonischer Ehe zu verlassen, dem Vater jeglichen Kontakt zu den gemeinsamen Kindern zu versagen und wieder zu unseren Eltern zurückzukehren. Das wäre für uns sicher ein ebenso traumatisches Erlebnis, wie damals die geplante Einführung der Heirat eines für die Mosuo darstellte.

1966 kam die Kulturrevolution und mit ihr der weitere Versuch, alte Zöpfe abzuschneiden. Im *Roten Buch*, der sogenannten Mao-Bibel, lässt Mao Tse-tung wissen:

»Die Männer Chinas werden gewöhnlich von drei systematisch gegliederten Gewalten beherrscht: erstens vom staatlichen System [...] (politische Gewalt); zweitens vom Sippensystem [...] (Sippengewalt); drittens vom übernatürlichen System [...] (religiöse Gewalt). Die Frauen werden außer von diesen drei Gewaltensystemen auch noch von ihren Ehemännern beherrscht (Gattengewalt). Diese vier Gewalten – politische Gewalt, Sippengewalt, religiöse Gewalt und Gattengewalt – bilden die Verkörperung der Gesamtheit der feudalpatriarchalischen Ideologie und des feudalpatriarchalischen Systems; das sind die vier dicken Stricke, mit denen das chinesische Volk, insbesondere die Bauernschaft, gefesselt ist. [...] Die politische Gewalt der Grundherren ist das Rückgrat aller anderen Gewaltensysteme. Sobald diese Gewalt gestürzt ist, beginnen auch die Gewalten der Sippe, der Religion und des Ehegatten zu wanken.«

Und das, nachdem man Einheiten des Heeres entsandt hatte, um im Matriarchat die monogame Ehe durchzusetzen.

Die politisch-militärischen Beauftragten entschieden, wer wen zu ehelichen hatte. Wer es wagte, das gemeinsame neue Heim zu verlassen, wurde ausgehungert, indem man ihm seine Ration Saatgut verweigerte. Systematisch diskriminierte man außereheliche Kinder, indem man ihnen nicht dieselbe Menge an Nahrungsmitteln zukommen ließ wie den im Rahmen des neuen Gesetzes Geborenen. Das war paradox, denn während man in ganz China versuchte, die arrangierten Ehen abzuschaffen, wurden die Mosuo unter Druck gesetzt, einer Familienform zu huldigen, die sie ablehnten.

Der Glaube, man könne Überzeugungen per Dekret ausmerzen, das Gefühl würde sich schon einstellen, erzeugte ein Riesenchaos. Fassungslos wohnten die Mosuo ihrer Verehelichung bei. Doch das währte nur so lange, wie der Druck des Regimes anhielt. Als Maos Gesandte sich zurückzogen, kehrte jeder an seinen Platz zurück. Die Frauen bildeten wieder mit ihren Kindern den Haushalt, und die Männer gingen wieder zurück zu ihren Müttern. Den politischen Führungskadern war es nicht nur nicht gelungen, die Verhältnisse zu verändern, im Gegenteil. Viele Soldaten fühlten sich zu den Mosuo-Mädchen hingezogen und integrierten sich in das Matriarchat.

Alatashi kommentiert die historischen Ereignisse so: »Sie bedrängten die Männer, die Finanzen in die Hand zu nehmen und über die Familie der Mutter ihrer Kinder zu bestimmen. Doch was hat ein Mann bei der Familie der Frau zu suchen, mit der er

Kinder hat? Warum sollten sie über die Frau herrschen? Warum wollte man uns zwingen, mit einem Fremden, einem Nicht-Blutsverwandten unter einem Dach zu leben? Keiner von uns hat das je gewollt. Und will es bis heute nicht.« Er hält inne. Dann fragt er mich: »Was denken Sie darüber? Sie leben ja in einem anderen System und können vergleichen.«

Ich bin irritiert, Gespräche mit politischem Inhalt habe ich bisher hier nicht geführt. Und bei solchen Prinzipienfragen kann es schnell zu einem Konflikt kommen. Doch Alatashi lässt nicht locker und bittet Lei, die Frage zu wiederholen.

Fünf Augenpaare starren mich gebannt an. Ich zögere. Aus irgendeinem Grund hat sich das Patriarchat fast überall auf der Welt durchgesetzt. Um ein Matriarchat zu finden, muss man an einen solch entlegenen Ort reisen. Doch dass ein System mehr Anhänger hat, heißt ja nicht, dass das andere nicht funktioniert. Das Patriarchat gehört schließlich nicht zum Wesen des Menschen, und die Gemeinschaft der Mosuo macht deutlich, dass es andere mögliche Lebensformen gibt, die nicht den Zerfall der Familie, das Ende der Gesellschaft und Gesetzlosigkeit bedeuten müssen. Im Gegenteil, im Matriarchat wirkt die Familie als Institution weitaus solider und vitaler, als ich sie in westlichen

Breiten wahrgenommen habe. Sie bedarf keines moralischen Diskurses, der sie aufrechterhält.

Auch die Tatsache, dass im Matriarchat jede Form von Gewalt verpönt ist und man kein Interesse daran hat, möglichst große Summen von Geld anzuhäufen, macht das Leben umgänglicher und leichter.

Die Vergangenheit hat gezeigt, dass die Menschheit durchaus unter der Ägide von Frauen leben konnte. Ob das nicht auch in der Zukunft denkbar ist?

Gerade will ich anheben und sagen, das Mosuo-System sei für mich in weiten Teilen schwer nachzuvollziehen, schließlich würden wir so ganz anders leben. Doch dann sage ich nichts, ich fühle mich lächerlich. Das sind abgedroschene Phrasen, die wir, ohne nachzudenken, wiederholen, als hätten wir die Weisheit für uns gepachtet.

Und ich frage mich: Sind die Unterschiede wirklich so groß?

Gibt es nicht auch in meiner unmittelbaren Nachbarschaft Frauen, die selbst ihren Lebensunterhalt verdienen, auch ohne Ehemann Kinder bekommen oder ein Sozialleben haben? Leben nicht auch bei uns in vielen Haushalten Frauen allein mit ihren Kindern, vielleicht sogar mit der Großmutter zusammen?

Einen grundlegenden Unterschied gibt es allerdings. Die Mosuo-Frau lebt, wie sie lebt, und hat dabei das Gefühl, an ihrem Platz zu sein. Sie sehnt sich nicht danach, den Mann ihres Lebens kennenzulernen, mit dem sie ihr Glück vervollständigen kann. Das Leben ohne Partner in der Gesellschaft, wie ich sie kenne, scheint mir oft eher das Ergebnis von Resignation als von Überzeugung zu sein, und meist geht dem ein traumatisches Erlebnis voraus.

Ich versuche auf ein anderes Thema umzuschwenken.

»Außer der Familie – welche Themen beschäftigen Sie noch?«

»Wir kümmern uns um die Umwelt. Sehen Sie sich den See an, er ist glasklar, und das soll er auch bleiben.«

»Sie haben keine Probleme mit Umweltverschmutzung hier? Leitet wirklich kein Unternehmen giftige Abwässer in den See?«

»Nein. So etwas gibt es hier nicht, dagegen würden wir auch protestieren.«

Wir beenden das Gespräch an dieser Stelle, denn ich möchte noch andere Leute interviewen.

»Übermorgen treffen wir uns im Innenhof des Hauses der Matriarchin Yasi, bei der ich untergebracht bin. Ich will dort eine kleine Kostprobe geben, wie man dort tanzt, wo ich herkomme.«

»Wie tanzt man denn bei Ihnen?«

»Paarweise … Kann ich mit Ihnen rechnen?«

Sie schauen sich an und nicken.

»Darf ich noch ein paar Fotos machen, bevor ich gehe?«

»Natürlich.«

Einer klettert in sein Boot, nimmt die Ruder, so als wolle er gleich aufbrechen, und verharrt dann reglos in dieser Pose. Sein Kollege lehnt sich an einen Baum, klappt die Hutkrempe herunter und schiebt sich die Zigarette in den Mundwinkel. Weitere Fotos für meine Sammlung.

## 16

Tsie holt mich ab. Im Dorf gibt es einen Mann, der mit einer Frau zusammenlebt, sie will mich zu ihm führen. Er heißt Chu Tsi und ist zweiundvierzig.

Wenn ein nicht blutsverwandter Mann bei einer Matriarchin einzieht, gibt es dafür eigentlich nur einen Grund: Ihre Familie ist männerlos, das heißt, es gibt weder Brüder noch Cousins, und auf dem Hof wird dringend männliche Unterstützung benötigt. Normalerweise wird in einem solchen Fall zunächst daran gedacht, einen fernen Verwandten der Matriarchin zu adoptieren, etwa den Sohn ihrer Cousine. Nur wenn das nicht möglich ist, greift man auf einen Fremden zurück, zum Beispiel den Vater der Kinder.

Unsere Form des Zusammenlebens ist für sie die letzte Wahl, doch zur Sicherung des Lebensunterhalts sind sie im Notfall auch dazu bereit.

Wir betreten das Haus. Im Halbdunkel des Wohnraums sitzt ein Mann und raucht. Mit der letzten Glut der einen zündet er sich die nächste Zigarette an. Tsie stellt uns einander vor und verabschiedet sich dann.

Chu Tsi ist schlank und wortkarg, sein Gesicht ausdruckslos. Nach eigenen Angaben stammt er aus armen Verhältnissen. Er lebt mit seiner Partnerin und seinen Töchtern zusammen, die er als seine Angehörigen bezeichnet. Mehr sagt er nicht dazu. Doch man spürt, wenn man diesem kettenrauchenden Mann mit den hängenden Schultern gegenübersitzt, dass er sich als Gefangenen der Umstände betrachtet, fernab von seiner eigentlichen Bestimmung.

Als er gefragt wurde, ob er bei der Frau leben wolle, mit der er eine Besuchsehe pflegte, so berichtet Chu Tsi, habe er sich mit seiner engsten Vertrauten, seiner Mutter, beraten. Gemeinsam hätten sie finanzielle Not und möglichen Nutzen abgewägt, mit dem Ergebnis, dass Chu zu den jungen Frauen zog.

»Ist es denn nicht schön, mit einer Frau zusammenzuleben?«

»Bei meiner Familie, das war eine schöne, unbeschwerte Zeit.«

Jetzt steht Chu Tsi unter der Vormundschaft seiner ältesten Tochter, der Matriarchin. Er sagt, man behandle ihn gut und er liebe die Mädchen wie seine eigenen Nichten, doch er vermisse sein früheres Leben. Er spricht von sich wie von einem alten Mann.

»Wären Sie gern das Familienoberhaupt?«

»Bei den Frauen ist man in den besten Händen.«

Ich will wissen, ob seine Töchter ihn an irgendetwas hinderten, das er gern tun würde, oder ob sie ihm etwas verböten.

Nein, nein, sagt er, keineswegs, außer lange auszugehen und mit Freunden zu trinken. Dann gäben sie ihm kein Geld mehr. Aber ansonsten habe er keinerlei Schwierigkeiten.

## 17

Nach dem Interview mit Chu Tsi kehre ich zur Bootsanlegestelle zurück. Ich möchte unbedingt noch die Männer, die eben in einer Reihe auf dem Steg hockten, sprechen.

Da sind sie. Am selben Platz, in derselben Position. Ich gehe davon aus, dass sie das vorhergehende Interview mit den Bootsführern mitbekommen haben und wissen, warum ich auf sie zukomme.

Mein Versuch, mit ihnen ein Gespräch anzuknüpfen, ist nicht von Erfolg gekrönt. Sie verraten mir gerade einmal ihren Namen und die Tätigkeit, der sie nachgehen. Sie dürften alle so um die vierzig sein. Als ich sie zu ihren Ansichten zu Liebe und Familie befrage, lachen sie verschämt und bringen nur unvollständige Sätze heraus. Sie sind gehemmt und stoßen einander nervös mit den Ellbogen, wie Teenager. Das nächste Mal, wenn ich ihre Meinung hören will, werde ich sie vorher bitten, ihre Mütter mitzubringen.

Einer Frau aus dem Westen dürfte es nicht leichtfallen, unter den Mosuo zu leben. Außer der Last der schweren Arbeit und der Verantwortung wäre es schwierig, einen Mann zu finden, in den sie sich verlieben könnte.

Das ist der Preis, den eine Frau im Matriarchat zahlen muss: Wenn sie jemanden haben will, auf den sie sich stützen kann und der sie beschützt, sollte sie schleunigst das Weite suchen. Erst recht, wenn sie einen Vater für ihre Kinder sucht.

Die Befragung meiner Geschlechtsgenossen ist bis jetzt nur mäßig erfolgreich. Langsam werde ich unruhig. Bleibt noch das unter dem Baum dösende Morpheus-Grüppchen.

Ohne allzu große Erwartungen geselle ich mich zu ihnen. Ich hole den Fragebogen heraus, den ich zum Vergleich zwischen den matriarchalischen Gesellschaften in China und Indien vorbereitet habe. Ich überreiche ihn den Männern, zusammen mit Kugelschreibern, damit sie keine Ausrede haben, ihn nicht auszufüllen. An einem Punkt halten sie sich besonders auf. Ich bitte Lei zu dolmetschen.

»Sie diskutieren über die Frage: ›Was gefällt Ihnen an einer Frau?‹«

Das interessiert mich, ich schlage vor, dass wir auch gleich darüber sprechen könnten.

Und dann kommt – wer hätte es gedacht – als Erstes: »Dass sie fleißig ist.«

Ich glaube, sie tun das mit Absicht. Mir wird es langsam zu viel.

Einer erzählt mir, er habe eine Weile außerhalb des Dorfes gelebt und das habe ihm regelrecht Angst gemacht. Vorurteilsbeladen, wie ich bin, denke ich, wahrscheinlich hat man ihn gezwungen, mal früh aufzustehen. Dennoch erkundige ich mich nach dem Grund seines Unbehagens.

»Ich mag Frauen mit Moral, wie sie die Frauen hier aus dem Dorf haben.«

Ich bin überrascht, weil die sexuelle Freizügigkeit bei den Mosuo doch weit größer ist als im übrigen Land. Ich hake nach.

»Können Sie das genauer erklären?«

»Die jungen Mosuo-Frauen sorgen für ihre Familie, sie verlassen sie nicht.«

Die Frauen sitzen noch immer vor ihren Weidekörben und nähen und nähen. Sie mustern mich, lächeln, tuscheln. Ich würde zu gerne verstehen, was sie sich zuflüstern.

Sie tragen beide weiße Röcke. Die eine trägt einen dunklen Pullover mit silberfarbenen Biesen dazu. Die andere einen gelben. Um den Kopf haben sie rote Tücher gebunden. Die Ältere wendet sich direkt an Lei, er übersetzt.

»Sie fragen nach dem Tanz aus deinem Land und wollen wissen, wann du ihn vorführst.«

»Wollen sie auch kommen?«

»Ja. Sie wissen, dass er paarweise getanzt wird, und sie fragen, ob du schon eine Partnerin hast.«

Wenn ich an meine wenigen Stunden in der Tanzschule *La Viruta* zurückdenke und mir das Missverhältnis zwischen meinen Tangokünsten und den hohen Erwartungen der Mosuo-Frauen vor Augen halte, wird mir ganz mulmig zumute. Ich weiß ja, wie streng man hier mit den Männern ins Gericht geht. Ich habe gute Chancen, zur Zielscheibe ihres Spotts zu werden.

# 18

Yasi, meine Matriarchin, weckt mich jeden Morgen in demselben Befehlston, mit dem sie auch die Männer an die Arbeit scheucht.
Davon abgesehen, hat sie mir noch nicht eine Minute ihrer Zeit geschenkt – das würde sie von der Arbeit abhalten. Li Jien Ma hingegen, ihre Schwester, die ich nun schon einige Male von meinem Fenster aus dabei beobachten durfte, wie sie sich mit ihrer silbernen Bürste frisierte, hat kein Problem damit, mich an diesem Morgen in ihrem Zimmer zu empfangen. An sie als zweitgeborene Tochter des Hauses Ma trägt die Familie nicht dieselben Erwartungen heran wie an die ältere Yasi. Li Jien scheint überhaupt leichtfüßiger durchs Leben zu gehen.

Li Jien singt gerne und immerzu: bei der Arbeit, beim Zubereiten des Essens oder wenn sie sich für eine Verabredung zurechtmacht. Die Melodien, die sie mit ihrer zarten Stimme anstimmt, klingen fremd für meine Ohren.

»Die Männer wissen es zu schätzen, wenn eine Frau singen kann«, sagt sie.

Tatsächlich bleibe auch ich manchmal vor der Tür des Hauses stehen, nur um Li Jien singen zu hören. Spielend wechselt sie von einem sanften Liebeslied zu einer wilden Mischung aus schrillen Tönen. Sie ist ein fröhlicher Mensch, oft sehe ich sie lachen, und ihr Lachen ist ansteckend.

Li Jiens Reich ist geräumig. Eines ihrer Fenster geht wie meines zum Innenhof hinaus, durch den man die Frauen eilen sieht, während die Männer in aller Ruhe rauchen und auf einen Arbeitsbefehl warten. Dann sind sie sofort zur Stelle, und wenn der Auftrag erfüllt ist, kehren sie an ihren Platz zurück. Bis zum nächsten Befehl. Ein absolut reibungslos funktionierendes System.

Man hat das Gefühl, dass in diesem Dorf zwei Formen von Zeit existieren: die davonfliegende, stets knappe Zeit der Frauen und die zähe, im Überfluss vorhandene Zeit der Männer.

Die Holzwände in Li Jiens Gemach schmücken Bilder mit Motiven in Rot, der Farbe des Glücks. Es handelt sich um Darstellungen mythischer Krieger mit furchterregenden Masken, die sie vor Unglück schützen. An der Längsseite des Raums stehen ein Schrank und eine Bank, über die abends zum Schlafen eine gefütterte Decke gelegt wird.

Auf der Fensterbank steht allerlei Zierrat, unter anderem die kleine Plastik, die ich ihr am Vortag geschenkt habe. Sie stellt ein Tangopaar dar. Ich musste Li Jien erklären, was es damit auf sich hat (auf Englisch zur Übersetzung ins Chinesische, dann zur Übersetzung in eine für die Mosuo-Frau begreifbare Version). Es handele sich um eine typische Szene in Buenos Aires: Ein Mann und eine Frau tanzen engumschlungen, er führt, und sie lässt sich führen.

In diesem Augenblick nimmt Li Jien die Statuette noch einmal zur Hand, setzt sich neben mich und fragt: »Hat die Frau denn keine Angst zu fallen?«

»Nein, der Mann hält sie ja, sie vertraut ihm.«

Sie schweigt einen Moment, dann fragt sie weiter: »Tanzt du gern?«

Ich räuspere mich. »Nein, nicht besonders.«

»Wir fiebern immer sehr auf die Abende hin, an denen getanzt wird. Heute Abend treffen wir uns alle im Dorf, es werden auch Leute aus den Mosuo-Dörfern der Umgebung kommen.«

»Heute Abend? Schade, ausgerechnet heute wollte ich euch im Hof ein paar Tango-Schritte beibringen …«

Sie dreht das Tangopaar in der Hand und fühlt sich sichtlich geschmeichelt, dass mir ihre Anwesenheit fehlen wird.

»Wann fängt euer Fest denn an?«, frage ich, nach einem Ausweg suchend.

»Es fängt an, wenn ich mich mit meinen Freundinnen treffe, damit wir uns zusammen fertigmachen.« Und nach einer kurzen Pause sagt sie: »Ich warte nach dem Abendessen hier auf dich, meine Freundinnen wollen dich kennenlernen.«

19

Li Jien findet es amüsant, mich im Beisein ihrer Freundinnen Non Chi und Jin Sik in ihrem Reich zu empfangen. Unauffällig stelle ich einen kleinen Kassettenrekorder auf dem Tisch hinter der Blumenvase ab. Ich würde den Damen gern ein bisschen Tangomusik vorspielen.

Doch sie unterhalten sich so angeregt, dass ich mich beinahe überflüssig fühle. Sie probieren allerlei Kopfschmuck aus, lachen und werfen nur manchmal, wie beiläufig, Blicke zu mir herüber. Der Spiegel, vor dem sie sich abwechselnd betrachten, ist so platziert, dass sie mich genau im Auge haben, während sie sich zurechtmachen. Ich habe den Verdacht, dass sie ihn bewusst so hingestellt haben. Sie warten darauf, dass etwas passiert, dass ich mit meiner Kamera an sie herantrete und sie interviewe. Aber vielleicht bilde ich mir das auch nur ein. Lei schaut mir bei meinen Vorbereitungen zu, er sitzt neben mir und raucht.

Dorje, meinen tibetischen Fahrer, habe ich nach

dem Abendessen mit einer Ausrede abgeschüttelt. Seine Anwesenheit bei Gesprächen hat sich schon etliche Male als echtes Problem erwiesen. Er ist alles andere als ein über das Materielle erhabener Asket – wie man sich den Tibeter doch gemeinhin vorstellt. Im Gegenteil, Dorje huldigt dem Orden des amerikanischen Dollars. Für den Erwerb des protzigen Wagens, in dem wir unterwegs sind, muss in China eine Großfamilie zusammenlegen. Und seit wir das Geröll auf dem Höhenweg, der hierherführt, hinter uns gelassen haben, gilt sein ausgeprägtes Interesse den erotischen Legenden, die über die Frauen im Umlauf sind. Seine großsprecherischen Reden bestehen vor allen Dingen aus Gemeinplätzen, er glaubt zu wissen, was Frauen gefällt und was nicht. Und egal, mit wem ich mich unterhalte, immer muss er seinen Senf dazugeben.

Seine derben Scherze und Einwürfe während meiner Interviews haben mehr als einmal verhindert, die Vertrauensbasis zu schaffen, die nötig gewesen wäre, um jenseits der steifen Etikette Persönliches über den Gesprächspartner zu erfahren.

Dabei ist Dorje im Grunde seines Herzens ein gutmütiger Kerl, und er erfüllt zuverlässig und ohne Murren all die kleinen Aufträge, mit denen ich ihn überhäufe, um ihn zu beschäftigen. Er kann überhaupt nicht verstehen, dass wir seine Bemerkungen nicht lustig finden.

Dorje ist vermutlich der Typ Mann, der dazu beiträgt, dass die matriarchalischen Gesellschaften noch radikaler werden.

Die jungen Damen begutachten sich gegenseitig. Sie tragen, wie alle erwachsenen Frauen im Dorf, weiße Röcke, die ein unifarbener Streifen ziert. Auch beim Stoff der Kasacks ist die Auswahl nicht allzu groß: Er ist violett oder rot, rot mit goldenen Blumen oder glänzend grün mit gelbem Muster. Doch die Mosuo kommen mit sehr wenig aus, um sich herauszuputzen. Ich muss an die Frauen in Saudi-Arabien denken, die außerhalb der Wohnung stets das schwarze Gewand, die Abbaja, tragen und bis auf einen Schlitz für die Augen nichts von ihrem Körper zeigen. Doch es ist unglaublich, was sie aus diesem Schlitz machen: Er kann verschieden geformt, verziert sein, die Augen bedecken oder hervorheben. Selbst auf dieser schmalen Bühne bleibt unter der härtesten Zensur noch Raum für Kühnheit. Ein Schlitz, der ein wenig mehr von der Stirn zeigt, der einen Zentimeter über den Augenbrauen endet, kann denselben Effekt haben wie ein Minirock. Und die Frauen dort präsentieren sich mit demselben Stolz und demselben Wissen um ihre

Wirkung wie ihre Geschlechtsgenossinnen im Westen.

Zurück zu Li Jien, Non Chi und Jin Sik. Die Art, wie sie sich zurechtmachen und darauf achten, dass auch die kleinste Nuance stimmt, lässt mich beinahe vermuten, dass alle drei mindestens professionelle Friseurinnen, Schneiderinnen oder Visagistinnen sind.

Die Mosuo-Frauen sind kokett. Warum auch nicht? Ich muss mich immer wieder selbst dazu anhalten, mich von Vorurteilen zu lösen. Aber die Stimme meines Unterbewusstseins ist hartnäckig, wie ein kleiner neckischer Kobold, der gegen meinen Verstand zu rebellieren versucht.

Draußen wird es allmählich dunkel. Ich schaue aus dem Fenster zum See hin – auf der Straße Richtung Ufer ist kein Mensch zu entdecken. In der Ferne leuchten die Lichter des buddhistischen Insel-Klosters und noch weiter weg die eines anderen Mosuo-Dorfes. Es liegt in Sichuan.

Obwohl es kein elektrisches Licht gibt, hängt eine Lampe von der Decke. Sie sagen, hin und wieder gäbe es Strom. Das halte ich für ein Gerücht. Auf einem Tisch steht eine brennende Öllampe, am hellsten aber strahlt Li Jiens Lächeln. Ich weiß nicht, ob sie der chinesischen Vorstellung von Schönheit entspricht, in meinen Augen tut sie es voll und ganz. Sie geht nicht, sondern sie schwebt durch Räume. Auch Gegenstände scheinen in ihren Händen kein Gewicht mehr zu haben.

Sie ist eine junge Frau, die das Treffen mit Han Tsie bei dem Tanz im Dorf herbeisehnt und ihn zur Liebe animieren will. Gerade widmet sie sich dem letzten Schliff der Tracht ihrer Freundin. Sie nimmt einen bunten Gürtel und bindet ihn ihr um, doch sie ist nicht überzeugt, legt ihn weg und sucht einen anderen. Die Gürtel, Schnallen und Tücher liegen ganz in meiner Nähe, ich reiche ihr einen. Sie kichert amüsiert, legt ihn wieder auf den Stapel und wählt einen anderen aus, der besser passt.

## 20

Non Chi geht auf den Kassettenrekorder zu und stellt die Musik leiser. Sie sagt, sie habe eine harte Woche hinter sich. Ihre Schwester sei krank geworden und sie habe die Arbeit für beide übernehmen müssen. Das hieß, dass sie früher aufstehen musste und später zu Bett ging als sonst. Und immer blieb etwas unerledigt, ganz gleich, wie sehr sie sich beeilte.

Non Chi ist dabei, Schritt für Schritt die Zügel im Haus zu übernehmen. Sie ist die älteste Tochter, und ihre Mutter delegiert immer mehr Aufgaben an sie. Non Chi legt selbst in dieser lockeren Atmosphäre ein herrisches Gebaren an den Tag, auch mir gegenüber, dem sie doch gar keine Befehle zu erteilen hat … Was hoffentlich auch so bleibt.

Der Vergleich mag ein wenig hinken: Wie sie so dasitzt in ihrer strengen Haltung, das Kinn hebt und die Augen zusammenkneift, erinnert sie mich an einen Mann, der die Brust vorstreckt, um Eindruck zu schinden. Vielleicht verhält sie sich so, weil ich aus dem Ausland komme und sie vermutet, dass auch solche Details Eingang in meinen Bericht finden.

Sie erzählt, dass, wenn sie arbeitet, sie immer auch kontrollieren muss, was die anderen tun. So überprüft sie beispielsweise die Tiefe der Ackerfurchen und gibt ihren Brüdern Anweisungen für die Aussaat. Nach der Feldarbeit eilt sie zurück nach Hause, um das Essen zu organisieren. Sie verteilt die Küchenaufgaben unter ihren jüngeren Cousinen, während sich die Cousins im Haupthof bereithalten, um weitere Anweisungen entgegenzunehmen. Non Chis Wort, egal wie liebenswürdig vorgebracht, duldet keinen Widerspruch.

Heute geht es ihrer Schwester wieder besser, und so hat sie beschlossen, sich einen freien Abend zu gönnen, um mit ihren Freundinnen dem Tanzvergnügen beizuwohnen.

Sie probiert Ohrringe an, einen langen silbernen und einen feinen runden aus Gold. Während sie überlegt, welcher der richtige für diesen Abend sein könnte, sagt sie, sie möchte eine ruhige Nacht verbringen, Hand in Hand mit jemandem spazierengehen, einfach nur reden. Normalerweise würden ihre Verehrer immer schweigen, wenn sie redet – es ist mehr eine beiläufige Bemerkung denn eine Klage.

»Nicht alle Männer schweigen auf dieselbe Art«, erklärt sie, und zum ersten Mal bemerke ich an ihr einen persönlicheren Ton.

Die Vorstellung vom idealen Mann oder der idealen Frau, der Traum, es gäbe jemanden, der genau zu einem passt, und man müsse nur ein wenig guten Willen aufbringen, um ihn zu finden, ist anscheinend allein ein Merkmal unserer Kultur. Das Kino hat uns an das Happy End gewöhnt.

Es wird deutlich, dass eine Mosuo-Frau von einem Mann nicht unbedingt den intensiven Dialog erwartet, wie sie ihn mit ihren Freundinnen pflegt. Eine Mosuo-Frau will nicht verstanden werden – eine Forderung, die Frauen aus meinem Umfeld durchaus stellen und die schon tausendfach unerfüllt blieb. Die Mosuo wissen um das, was man nicht finden kann. Diese Weisheit bewahrt sie vor Träumen, die unweigerlich zu Enttäuschung führen. Sie scheinen die Männer zu nehmen, wie sie nun mal sind.

Die Tatsache, dass sie sich nicht in die Strömung eines reißenden Flusses begeben, hindert sie indes keineswegs daran, sich am kühlen Nass zu erfrischen.

Wenn sie auch keine großen Erwartungen an ihre Partner haben, registrieren sie doch Unterschiede im Verhalten. Non Chi hat von den verschiedenen

Arten des Schweigens gesprochen. Sie weiß genau, ob ihr Partner ungeduldig ist und ihr nicht zuhört oder ob er ihr wirkliches Interesse entgegenbringt und sich einfühlen kann. Ich habe den Eindruck, dass sie jemanden im Auge hat, der in die letztere Kategorie fallen könnte. Vielleicht gibt sie ihm ja später beim Tanzen ein Zeichen.

## 21

Li Jien und Non Chi reichen Jin Sik den Spiegel. Sie helfen ihr beim Anlegen des Kopfputzes.

Jin Sik hat ihre dreijährige Beziehung mit Tong Shu vor kurzem beendet. Ihren Worten entnehme ich, dass Tong Shu nicht sehr helle, aber im Prinzip ein guter Kerl ist. Er hat sie regelmäßig besucht und ihr Geschenke mitgebracht. Sie haben wenig gesprochen, aber es hat ihr gereicht. Tong Shu ist muskulös und für alle Arbeiten zu haben, bei denen man Kraft braucht. Seine Vorliebe gilt dem Fischen. Die meiste Zeit verbringt er am Ufer des Sees, wo er breitbeinig im Kanu steht, sein Netz auswirft und es anschließend voller kleiner ovaler Fische wieder einholt, die seine Mutter in einer Pfanne brät.

Fische – das ist seine Welt. Fische brachte er ihr als Geschenk dar, ohne je auf den Gedanken zu kommen, dass seine Angebetete sie zwar entgegennahm, jedoch heimlich zu den anderen legte, die ihre Brüder gefangen hatten.

Im Nachhinein glaubt Jin Sik, dass Tong Shu tatsächlich ein wenig zurückgeblieben war. Sie hatte sich sehr bemüht, dennoch war es ihr nicht immer leichtgefallen, seine Begriffsstutzigkeit zu ertragen. Eines Abends entdeckte sie seine Mütze am Haken der Tür einer anderen Frau – da war das Maß voll. Wenn er nicht sie besuchte, ließ er sich also von der Gunst einer anderen beschenken. Sie hat nie aufgehört, ihn freundlich zu grüßen, doch in ihr Zimmer ist er seither nicht mehr vorgelassen worden.

Tong Shu hatte noch viele Male an ihre verschlossene Tür geklopft, bevor auch bei ihm der Groschen fiel: Es war aus.

Ein Ende nach Mosuo-Art, ohne Gezeter und ohne Vorwürfe. Ein guter Weg in das schnelle Vergessen. Vermutlich, weil die Mosuo nicht nach einer Paarbeziehung mit Kinderwunsch, Sicherheit und gemeinsamer Zukunft streben, fallen Enttäuschung und Trauer geringer und kürzer aus. Eine Trennung lässt sie nicht gleichgültig, aber sie bleiben nicht in ihrem Schmerz gefangen.

Jin Sik ist eine hochgewachsene Frau, und sie sieht einem direkt in die Augen. Wenn sie mich anschaut, fühle ich mich an das alte Spiel erinnert, bei dem man verliert, wenn man dem Blick des anderen nicht standhält und als Erster blinzelt.

Sie übt einen Tanzschritt zu der Musik, die wir hören.

Ich frage sie, wie sie mit Untreue umgeht. Lei gerät ins Schwitzen und raucht eine nach der anderen. Als sie hört, was ich wissen will, macht sie eine wegwerfende Geste mit der Hand und tanzt weiter.

»Wenn er mit einer anderen geht, ist Schluss«, erläutert sie ihre Geste schließlich. »Ohne Streit, aber es ist Schluss.«

Erstaunt entgegne ich, das widerspräche doch der sexuellen Freizügigkeit, die sie praktizierten. Sie wirft mir ihren einschüchternden Blick zu, als sei auch ich schwer von Begriff.

»Das ist etwas anderes. Gelegenheitsbeziehungen, das heißt, wenn die Frau nicht immer denselben Mann empfängt, muss man nicht beenden. Wenn man aber davon ausgehen kann, dass die Frau nur dem einen Mann die Tür öffnet und er nur sie besucht, dann werden Beziehungen zu anderen Frauen nicht geduldet.«

Jin Sik setzt sich wieder hin und legt die Hände zwischen die Knie.

»Passiert es häufiger, dass der Mann untreu ist?«

»Manche Männer sind bei einer Frau untreu, bei einer anderen nicht.« Und dann fügt sie ohne jeden Schalk hinzu: »Es gibt auch untreue Frauen, wenngleich das seltener vorkommt, aber Untreue ist nicht auf die Männer beschränkt.«

Sie ist eine reife, attraktive Frau. Während sie erzählt, versuche ich mir die ganze Zeit Tong Shu an ihrer Seite vorzustellen, es gelingt mir kaum. In ihrem traditionellen Gewand sieht sie einfach nur phantastisch aus.

Ich will wissen, ob sie sich vorgestellt habe, als sie sich so herausputzte, dass Tong Shu es noch einmal bei ihr versuchte und sie ihn dann abblitzen lassen könnte. Als kleine Rache sozusagen, damit er sieht, was er verloren hat. Ich muss die Frage wiederholen und höre, dass Lei noch einige Erklärungen anfügen muss.

Als sie verstanden hat, worum es mir geht, mustert sie mich von oben bis unten. Der Blick sagt alles. Und dann folgt ein knappes Nein.

Als der Aufbruch zum Fest naht, kommen sie zu ihrem Lieblingsthema: Wer könnte für heute Nacht der Auserwählte sein?

Mit einem Mal werden die Frauen redselig. Lei kommt mit dem Übersetzen kaum hinterher und aus dem Staunen nicht heraus. Er hat offenbar noch nie ein Gespräch unter Freundinnen verfolgen dürfen.

Wenn die Mosuo-Frauen keine feste Beziehung haben, stecken Abende wie dieser voller Möglichkeiten und Überraschungen. Li Jien, Non Chi und Jin Sik gehen die Namen potentieller Kandidaten durch und wiegen das Für und das Wider ab. War eine von ihnen schon mit dem Auserwählten zusammen, spart sie nicht an Bemerkungen, was die andere zu erwarten hat.

Li Jien serviert heißen Tee und fragt mich, ob ich mitkäme.

»Selbstverständlich.«

Sie stellt die Kanne auf den Tisch und setzt sich neben mich. Lächelnd schiebt sie mein volles Teeglas beiseite, nimmt meine Hand und drückt sie dreimal.

»Das ist das Zeichen. Wenn du genauso antwortest, also auch dreimal drückst, haben wir eine Verabredung. Dann kannst du mich in der Nacht aufsuchen und wirst eingelassen.«

»Gibt es einen bestimmten Augenblick, in dem man sich das Zeichen gibt?«

»Getanzt wird im Kreis um ein Feuer. Immer wieder lösen sich die Kreise auf, entstehen neue. Man wartet ab, irgendwann wird es sich ergeben, dass man die Hand desjenigen zu fassen bekommt, den man im Auge hat.«

»Muss ich warten, bis eine Frau meine Hand nimmt?«

Li Jien lacht. »Ja, so lange musst du warten.«

»Aber sonst muss ich nichts machen oder mich irgendwie verhalten?«

»Nein. Sonst nichts.«

Um im Paradies ein erotisches Treffen zu vereinbaren, wählen die Frauen eine direkte, man möchte fast behaupten, männliche Form: den Händedruck.

## 22

»Komm, tanz mit, komm.«

Wir befinden uns im Innenhof eines der größten Häuser des Dorfes, in der Hofmitte lodert ein riesiges Feuer. Zwei Männer in dunklen Hosen und gelben Kasacks achten darauf, dass es nicht ausgeht. Drei Frauen in langen Röcken singen, damit auch die Herzen Feuer fangen.

»Komm, tanz mit, komm.«

Der Liedtext besteht nur aus diesem einzigen Satz, die Melodie aus hohen, sanften Tönen.

Ungefähr dreißig andere Frauen halten sich an den Händen und drehen sich in einem nicht geschlossenen Kreis um das Feuer. Ein Musiker mit weißem Hut und Flöte tänzelt hinter ihnen her.

Unter den versammelten Männern herrscht rege Betriebsamkeit. Die einen binden sich ihr Halstuch um, die anderen richten ihren Ledergürtel. Als sie den Moment für gekommen erachten, fassen sie sich an den Schultern, bilden einen Halbkreis und tanzen in entgegengesetzter Richtung zu den

Frauen, die inzwischen alle in den verführerischen Gesang eingestimmt haben.

Nirgends habe ich je so bildlich und ursprünglich den Moment vor Augen geführt bekommen, in dem die Geschlechter aufeinandertreffen: Man bleibt kurz stehen, sucht einander mit Blicken, lächelt scheu, tanzt weiter. Die Männer beugen sich nach vorn, stampfen mit den Stiefeln auf den Boden, beugen sich nach hinten und ziehen wieder ihre Kreise. Die Frauen heben die Arme und singen immer lauter, je stürmischer die Bewegungen der Männer werden und je lauter sie mit ihren Stiefeln aufstampfen.

Ich entdecke Non Chi am Ende des Halbkreises der tanzenden Frauen. Unwillkürlich habe ich es die ganze Zeit vermieden, sie anzusehen, als wollte ich ihrem kritischen Blick ausweichen. Doch in dieser Runde ist sie wie verwandelt. Die gestrenge Matriarchin lächelt im Licht des Feuers, hat den Kopf zur Schulter geneigt und singt.

»Komm, tanz mit, komm.«

Wenn es um Verführung geht, legen die Matriarchinnen ihre Autorität ab, sie lassen sich mit Vergnügen von den Männern umwerben, spielen mit ihren weiblichen Reizen und sind gewillt, sich dem Begehren hinzugeben. Die Männer gebärden sich mit einem Mal betont männlich, um sie zu erobern.

Es scheint, als ob die Spielregeln des Matriarchats um der erotischen Anziehung willen in der Nacht außer Kraft gesetzt würden.

Die Halbkreise schließen sich, Männer und Frauen formen nun einen einzigen großen Kreis.

»Komm, tanz mit, komm.«

Die Männer demonstrieren ihre Männlichkeit und Stärke, sie stampfen und springen in die Höhe. Gesang und Tanz werden dynamischer.

Lei und Jin Sik steuern auf mich zu. Sie flüstert ihm etwas zu und deutet dabei auf mich.

»Sie lädt dich ein mitzumachen.«

Jin zeigt auf ihren bunten Gürtel. Es ist der, den ich für ihre Freundin ausgewählt hatte.

»Das ist sehr nett, danke, später vielleicht«, sage ich. »Ich möchte noch ein paar Fotos machen.«

Keine Chance, meine fadenscheinige Ausrede wurde als solche entlarvt. Jin Sik nimmt einfach meine Hand, und ehe ich mich versehe, bin ich Teil des Kreises. Sie lacht. Ich stelle mich reichlich ungeschickt an, aber was wie eine simple, leicht zu durchschauende Choreografie aussah, entpuppt sich als überaus komplexer Bewegungsablauf, dem ich nur schwer folgen kann.

Li Jien tanzt nahe bei Han Tsie. Han Tsie sieht sie an und nickt.

Selbstverständlich kann der Auserwählte die

Einladung auch ausschlagen. Das führt weder zu Klage noch zu Wut. Niemand wird unter Druck gesetzt, und Eifersucht ist verpönt, denn damit erhöbe man einen Besitzanspruch auf den anderen, was in der Überzeugung der Mosuo wider die Natur des Begehrens ist. Jemand, der einen solchen Alleinanspruch formuliert, verhält sich gegen die allgemeinen Gepflogenheiten und wird zur Zielscheibe des Spotts.

Li Jien hatte mir gesagt, ich solle auf die Blicke achten. Wenn ein Mädchen sich für einen jungen Mann interessiert, sucht sie zunächst seinen Blick, eine unaufdringliche Form der Kontaktaufnahme, mehr Einladung denn Aufforderung. Geht der andere nicht darauf ein, ist es, als sei nichts geschehen. Frauen verstehen sich auf die Kunst der vieldeutigen Blicke, bei uns Männern ist das Potential deutlich eingeschränkter.

»Es ist deine Art zu schauen, sie ist anders«, sagte Rugeshi Ana einmal zu mir, als ich sie danach fragte. Heute Abend trägt sie die Mosuo-Tracht, ich hätte sie fast nicht wiedererkannt.

Und wie das Leben so spielt: Immer wenn es am schönsten ist, fängt es an zu regnen. Doch der Reigen dreht sich weiter, niemand stört sich daran.

Mich hingegen macht all die Liebestollheit um

mich herum nicht immun gegen das Wasser, ich suche Schutz unter einem Dachvorsprung.

Wenig später gesellt sich Nan Tsi Tsuma zu mir. Sie ist zweiundzwanzig und hat einen schlechten Tag, das sieht man ihr auf Anhieb an.

Unser Gespräch nimmt sich zunächst aus wie eine Hommage an den Gemeinplatz: das Wetter, die Leute, die Vor- und Nachteile, Chinese oder Argentinier zu sein.

Doch plötzlich stellt Nan Tsi mir eine sehr direkte Frage zu meinem Privatleben. Ich fange an, ihr von mir zu erzählen, von den Menschen, die mir nahestehen. Schließlich traue ich mich, ein etwas intimeres Thema anzuschneiden: »Wann wird eine Besuchsehe zur Liebesbeziehung?«

»Wenn du merkst, du kannst dich auch gut unterhalten, geht die Besuchsehe schon über das Übliche hinaus. Dann gilt es nicht mehr nur, Spaß zu haben. Wenn Liebe im Spiel ist, kann es ein Einzelner mit vielen aufnehmen.«

Üblich im Dorf sind die flüchtigen Beziehungen. Es ist nicht ungewöhnlich, dass eine Frau um die dreißig an die fünfzig Partner hatte, und wenn sie attraktiv ist, hatte sie womöglich mit allen Männern ihrer Altersstufe eine Besuchsehe.

Von meinem Platz aus sehe ich Non Chi, sie sitzt neben dem wahrscheinlich ältesten Mann in der

Runde. Ihn muss sie im Kopf gehabt haben, als sie davon sprach, eine ruhige Nacht verbringen zu wollen. Sie redet auf ihn ein, ich kann mir ihren Tonfall lebhaft vorstellen. Den alten Mann verschreckt das nicht allzu sehr, er hört ihr zu. Plötzlich fasst er ihre Hand, und das tut ihr offensichtlich gut.

Ein junger Mann kommt auf Nan Tsi Tsuma zu, er streichelt ihre Wange und berührt mit seinem Finger leicht ihren Mund. Nan Tsi scheint es zu gefallen.

»Ist das dein fester Freund?«, frage ich, als der Kerl wieder weg ist.

Die Übersetzung dauert, Lei muss erklären.

»Nein, es ist nicht ihr fester Freund«, heißt es kurz und knapp aus Leis Munde. Dafür hat der Dialog zwischen ihm und Nan Tsi recht lange gedauert.

Ich frage Lei, ob ihr die Frage unangenehm war.

»Nein«, erwidert er, »ich musste ihr nur erst erklären, was wir unter einem festen Freund verstehen.«

Nan Tsi spielt mit ihrem Ring. Ich frage sie, wer denn dann der junge Mann gewesen sei. Und noch während sie mir antwortet, drückt ihr ein anderer Mann einen Kuss auf die Wange. Ein dritter und ein vierter treten an sie heran, umarmen und herzen sie.

Wie unbekümmert Liebe und Galanterie hier erscheinen! Kein Gerede darüber, was die anderen sagen, Sex bedeutet hier nicht mehr und nicht weniger als eben Sex. Niemand nimmt daran Anstoß, für keinen bricht deswegen die Welt zusammen.

Andererseits kann ich mir nicht vorstellen, dass nicht auch hier einmal das Gefühl die Oberhand gewinnt. Irgendwann spürt man doch: Der oder die ist es und kein anderer.

Es regnet weiter, und das Feuer erlischt allmählich. Doch die Feiernden tanzen unverdrossen weiter, inzwischen haben sich zwei Chöre gebildet, die einen Wechselgesang anstimmen.

Jin Sik verlässt das Fest – ohne Begleitung. Vielleicht hat sie eine Verabredung getroffen, vielleicht ist sie aber auch nicht dazu aufgelegt.

Ich erkundige mich bei Nan Tsi, ob auch Liebesbeziehungen vor der Familie geheim gehalten würden.

Sie reagiert zunächst sehr zugeknöpft auf diese Frage – wie ich erfahre, hat sie eine solche Beziehung gerade beendet. Schließlich jedoch erzählt sie, dass, wenn Gefühle zwischen den Partnern einer Besuchsehe aufkämen und fortbestünden, der

Mann nicht länger heimlich an die Tür seiner Geliebten klopfe. Die Beziehung genieße dann einen anderen Status. Allerdings erst nach einem offiziellen Antrittsbesuch bei der Matriarchin.

Nicht immer traut sich der Liebhaber allein in das Reich der Matriarchin, oft genug erscheint er in Begleitung einer Vertrauensperson. Für gewöhnlich wird der Kandidat spät abends erwartet, und die Matriarchin sorgt dafür, dass die männlichen Familienmitglieder nicht zu Hause sind. Es werden Geschenke gereicht, den Göttern Gaben dargebracht, und es wird ein gemeinsames Mahl ausgerichtet.

Hat eine Liebesbeziehung dieses Stadium erreicht, darf der Mann früher kommen und später gehen. Nach wie vor gilt das Gebot der Diskretion, aber in einem weniger strengen Rahmen. Der Auserwählte darf sogar zu Abend mit der Familie der Frau essen – vorausgesetzt natürlich, die männlichen Verwandten sind nicht zugegen. Neben dem rituellen Mahl mit der Matriarchin, das übrigens nicht mit einer Verlobung oder gar Eheschließung vergleichbar ist, gibt es einen bestimmten Tag im Jahr, an dem sich die Partner einer Liebesbeziehung untereinander beschenken, und dann wissen alle, dass sie eine Beziehung führen.

Weil es den Mosuo zu keinem Zeitpunkt darum

geht, mit dem Partner eine Familie zu gründen, und sie in ihm nicht denjenigen sehen, der sie vor der Einsamkeit bewahrt, kann schon ein kleiner Streit die Beziehung in Gefahr bringen. Wieso sollte man unter den gegebenen Umständen Konflikte mit dem Partner aushalten müssen?

Wie die meisten Mosuo ist auch Nan Tsi Tsuma der Meinung, dass Liebe nach Liebe verlangt und keinen Platz für Dritte lässt. Untreue führt in einem solchen Fall unweigerlich zum Bruch.

Es gibt jedoch auch andere, die behaupten, eine Liebesbeziehung räume einem lediglich eine Art Vorrecht auf die Sexualität des Partners ein, hielte sie jedoch mitnichten davon ab, parallel dazu weitere Besuchsehen zu pflegen, die im Verborgenen stattfinden. Das hat nichts mit einem betrügerischen Versteckspiel zu tun, man will einfach peinliche Situationen vermeiden. Begegnen sich offizieller Partner und Gelegenheitsliebhaber (oder »Sexdieb«, wie man ihn gern nennt) dennoch unverhofft, muss Letzterer weichen.

In Liebesdingen überwiegt bei den Mosuo die Toleranz. Wenn einer es mit dem Besitzanspruch an seine Geliebte übertreibt, wird er von den anderen als töricht, egoistisch und possessiv verspottet. Und es ist gut möglich, dass die Frau dies zum Anlass nimmt, die Beziehung zu beenden. Sollten aus einer solchen Situation ernsthafte Konflikte erwachsen, greift das Dorfoberhaupt ein.

Von meinem Platz aus beobachte ich, wie Li Jien sich zurückzieht und wenig später auch Han Tsie – mögen sie glücklich werden.

Plötzlich habe ich eine Idee: Ich bitte Lei, Nan Tsi zu fragen, ob sie ein paar Schritte Tango mit mir tanzen möchte. Das Lächeln kehrt auf ihr Gesicht zurück.

Gemeinsam brechen wir zum Haus der Matriarchin Yasi Tu Ma auf. Den ganzen Weg über redet Nan Tsi auf mich ein, als könnte ich sie verstehen. Dann bleibt sie mit einem Mal stehen und schaut mich erwartungsvoll an. Sie ist so beschwingt und begeistert, dass mir nichts anderes übrigbleibt, als zu nicken. Ohne zu wissen, womit ich mich gerade einverstanden erklärt habe, erreichen wir meine Unterkunft.

Ich bitte Dorje, die Scheinwerfer des Jeeps anzumachen, und kümmere mich um die Musik. Ich ergreife Nan Tsi Tsumas Hand und führe sie auf eine imaginäre Bühne. Ich zeige ihr die Grundschritte – die einzigen, die ich beherrsche. Ich wiederhole sie, bis sie sie allein hinbekommt. Schließlich nehme ich sie in den Arm und tanze mit ihr. Vorübergehende machen halt und gesellen sich zu uns. Wir tanzen und tanzen.

Es ist schon ein besonderes Erlebnis, morgens um sechs auf der Hauptstraße zu stehen. Es herrscht ein buntes Treiben. Die Männer verlassen eilig das Gemach der Geliebten, um dorthin zurückzukehren, wo sie hingehören: zu ihren Müttern.

## 23

Meine Zeit in Luoshui neigt sich dem Ende zu. Am Abend bin ich mit Sanshi verabredet. Keinesfalls jedoch möchte ich abreisen, ohne Yasi Tu Ma zu interviewen. Ein flüchtiger Gruß, das ist das höchste Maß an Aufmerksamkeit gewesen, das sie mir geschenkt hat. Yasi ist immer auf dem Sprung, selbst während unserer gemeinsamen Abendessen ist es mir nie gelungen, ein Gespräch mit ihr zu beginnen; sie schlingt ihr Mahl förmlich hinunter, ausgeschlossen, bei dieser Gelegenheit ein paar Worte miteinander zu wechseln. Essen ist für sie eine leidige Notwendigkeit, für die sie ihre Arbeit unterbrechen muss.

Dass sie gestern Abend jedoch so interessiert – selbstverständlich aus sicherer Entfernung – zu uns herüberschaute, während wir Tango tanzten, ermutigt mich, sie noch einmal über Lei um ein Interview zu bitten.

»Wenn es schnell geht, ich habe es eilig«, sagt sie erwartungsgemäß.

Ich bin vorbereitet, es kann sofort losgehen.

Yasi trägt eine enganliegende schwarze Hose und ein ebenfalls schwarzes T-Shirt mit Glitzersteinchen; anstelle von Stiefeln trägt sie Schuhe mit breitem Absatz. Mir fällt auf, dass ich sie noch nie in der Tracht der Mosuo gesehen habe. An ihrer Hüfte baumelt wie immer das Schlüsselbund. Yasi ist groß und schlank und trägt ihr schwarzes Haar stets zu einem Zopf im Nacken gebunden.

Sie ist gewillt, mir fünf Minuten ihrer kostbaren Zeit zu gewähren, und schaut mit gehetztem Blick auf die Uhr. Dann stützt sie die Ellbogen auf die Knie und legt das Kinn in ihre Hände. Es ist das erste Mal, dass ich sie ruhig sitzen sehe. An der rechten Hand trägt sie ein silbernes Armband, einen Ring an der linken. Um den Hals eine Kette aus Kunstperlen und an den Ohren große, sehr filigrane Creolen.

Yasi ist erst fünfundzwanzig. Als ihre Mutter befand, dass es an der Zeit war und die Tochter das Zeug dazu hatte, übergab sie die Leitung des Hofes immer mehr in Yasis Hände.

Ich will wissen, ob es ihr lieber gewesen wäre, wenn ihre Mutter noch ein wenig damit gewartet hätte. Die Frage überrascht sie, und auf einmal entspannt sie sich. Sie sagt, ja, es sei sehr hart, eine Matriarchin zu sein.

»Dafür haben Sie das Sagen.«

»Ja, aber man ist rund um die Uhr auf Trab. Im Reich der Männer arbeiten die Frauen, wohingegen sich die Männer im Reich der Frauen ausruhen.«

Sie schaut auf ihre Hände, sie sind rau und aufgerissen, die Nägel kurz – die Hände einer mit vollem Einsatz arbeitenden Frau.

Yasi beklagt sich nicht. Sie beschreibt nur ihr Leben. Das Leben, das für sie bestimmt ist und das sie sehr bewusst lebt.

Von verschiedenen Männern bekam ich als Antwort auf die Frage danach, was sie an einer Frau attraktiv fänden: »Schauen Sie sich die Matriarchin an, in deren Haus sie untergebracht sind. Das ist der Typ Frau, der uns gefällt.« Yasi hat ein feines Gesicht, schmale Augenbrauen und einen Mund, der wie gemalt aussieht. Sie ist noch sehr jung und führt schon den Besitz, sie ist zupackend, und sie singt göttlich. Auch die Burschen an der Bootsanlegestelle rissen bei der Erwähnung ihres Namens mit einem Ausruf der Bewunderung die Augen weit auf. In der Tat, Yasi ist eine bildschöne Frau.

Ich versuche etwas über die Phantasien und die Sehnsüchte dieser eisernen Lady zu erfahren. Sie erzählt, ihr größter Wunsch sei, dass es mit ihrer Familie immer weiter aufwärts gehe, und das sei auch der Grund, warum sie niemals ruhe. Sie sagt es leise, in sanftem Ton.

»Was soll das heißen? Wollen Sie höhere Erträge erzielen und viel Geld verdienen?«

Sie schaut mich verwundert an, das habe sie nie behauptet. Natürlich wolle sie Geld verdienen, aber reich werden? Sie zuckt mit den Schultern und wiederholt, es gehe ihr einzig und allein um das Wohlergehen ihrer Familie. Was habe das mit der Anhäufung von Vermögen zu tun?

Bei uns denkt man bei »Wohlergehen« schnell an das große Geld. Doch Besitz und Statussymbole, Glanz und Glamour haben im Matriarchat keine Bedeutung. Kulturelle Unterschiede bedingen ebenso wie historische und politische Umstände Differenzen in der Art und Weise, wie ein Mensch fühlt, seine Subjektivität. Die Mosuo denken nicht nur anders, sondern sie empfinden auch anders. Reichtum ist kein gesellschaftlicher Wert. Geld reizt sie nicht und bringt sie deshalb auch nicht um den Schlaf.

Plötzlich springt Yasi auf. Einer ihrer Cousins will auf die Straße hinauseilen. Sie hält ihn auf. Erst als er einen leeren Korb auf dem Rücken hat, darf er das Haus verlassen. Yasi nickt zufrieden.

Sie berichtet mir, was ich schon hundertmal gehört habe: Die Frauen sind viel effizienter und fähiger als die Männer. Und deshalb kümmern sie sich auch um alles.

Womit könnte ich sie bloß aus der Reserve locken, sie ein bisschen herausfordern, damit sie nicht die gewohnte Rede abspult?

Ich behaupte, dass man in meinem Land vor einer Frau wie ihr Angst habe. Sie lächelt! Und mit ernstem Gesichtsausdruck fügt sie hinzu, es sei ihr klar, dass es eine Sache sei, diesen Hof zu managen, und eine ganz andere, mit dem Geliebten umzugehen. Sie führt eine offizielle Liebesbeziehung mit einem Mann, der zwei Fahrtstunden von Luoshui entfernt wohnt. Er schätzt ihr eigenwilliges Temperament angeblich sehr. Sie schmunzelt.

»Jedenfalls hatten wir nie Probleme deswegen.«

»Hatten Sie nie Streit?«

Yasi gesteht zu, dass die Hauptursache aller Konflikte die Privilegien der Frauen seien. Plötzlich scheint sie es leid zu sein, über sich zu sprechen, und dreht den Spieß um.

»Und Sie«, fragt mich die Matriarchin, »warum sind Sie allein hierhergereist? Wollen Sie etwas mit einer Mosuo-Frau anfangen?«

Nein, das sei ganz und gar nicht meine Absicht, erwidere ich.

»Denn ich hätte jemanden, den ich Ihnen vorstellen könnte.«

Die älteren Frauen zeigen einem Besucher mit Vorliebe die Fotos ihrer Töchter, die mittleren Alters preisen ihre Schwestern an, und die jungen haben immer eine Vielzahl von Freundinnen.

Yasi ist hartnäckig. Ich könne eine Liebesbeziehung mit einer von ihren Freundinnen haben, wenn ich wollte. Es würde völlig ausreichen, wenn ich ein- oder zweimal im Jahr herkäme.

Vorsichtig versuche ich wieder, das Ruder zu übernehmen, ich frage sie, ob sie immer mit demselben Mann zusammen sein möchte.

»Ich möchte verliebt sein, und wenn ich dafür den Partner wechseln muss, dann tue ich das.«

»Und was gefällt Ihnen an einem Mann?«

Entrüstet springt Yasi auf. Mein einziger Gedanke gilt in diesem Augenblick meiner Fotoausrüstung, auf die sie zustürmt. Doch ihr Zorn richtet sich gar nicht gegen mich, wie ich erleichtert feststelle. Der junge Mann, der vor einer Weile mit dem leeren Korb losgezogen war, ist zurück. Offensichtlich hat er etwas falsch gemacht, denn sie weist ihm die Tür. Mit gesenktem Haupt verlässt er erneut das Haus.

Ich bitte Lei herauszufinden, was los ist, doch er sperrt sich, die Sache ist ihm nicht geheuer. Schließlich kehrt die Matriarchin zurück und besinnt sich auf die Frage, die ich gestellt hatte. Engelsgleich, ohne jede Ironie sagt sie:

»Mir gefällt an einem Mann, wenn er aufmerksam ist, sich um mich sorgt und mich beschützt.«

Das perfekte Schlusswort.

»Haben Sie etwas dagegen, wenn Lei ein Foto von uns beiden macht?«

»Nein, natürlich nicht.«

Ich reiche Lei die Kamera und stelle mich an ihre Seite. Sie legt den Arm um meine Hüfte. Während Lei noch mit der Suche nach der richtigen Einstellung beschäftigt ist, zwickt Yasi mich in den Rücken und schaut weiter in die Kamera, als wäre nichts geschehen.

Lei ist so weit.

Ich lächle.

Klick.

## Quellennachweis

Mao Tse-tung, Worte des Vorsitzenden Mao Tse-tung, Verlag für fremdsprachige Literatur, Peking 1967, S. 348.

»Man muss sich die Kunden des Aufbau-Verlages als glückliche Menschen vorstellen.«

SÜDDEUTSCHE ZEITUNG

Das Kundenmagazin des Aufbau Verlags finden Sie kostenlos in Ihrer Buchhandlung und als Download unter www.aufbau-verlag.de. Abonnieren Sie auch online unseren kostenlosen Newsletter.

**Guillaume Musso**
**Weil ich dich liebe**
Roman
Aus dem Französischen von Claudia Puls
320 Seiten. Gebunden
ISBN 978-3-378-00689-8

# Wie viel Schmerz erträgt die Liebe?

Die glückliche Ehe von Nicole und Mark zerbricht am rätselhaften Verschwinden ihrer kleinen Tochter Layla. Die verzweifelte 15-jährige Evie überfällt auf offener Straße den Psychologen Connor McCoy. Die exaltierte Milliardärstochter Alyson Harrison wird von derart entsetzlichen Schuldgefühlen gequält, dass sie nicht mehr weiterleben will. All diese prekären Lebens- und Schicksalswege kreuzen sich auf mysteriöse Weise in einem alles entscheidenden Augenblick: Werden die aus der Bahn geratenen Seelen wieder zu sich zurückfinden, bekommen sie noch einmal eine Chance auf ein neues Lebensglück? Ein Roman über Liebe, Freundschaft und Verlust – anrührend und spannend bis zur letzten Seite.

**»Ein explosiver Cocktail aus Spannung, Gefühl und Phantasie.«** ELLE

**Mehr von Guillaume Musso:**
*Wirst du da sein? Roman. AtV 2513*

*Mehr Informationen erhalten Sie unter*
*www.aufbau-verlag.de oder in Ihrer Buchhandlung*

**Gina Mayer**
**Zitronen im Mondschein**
*Roman*
*522 Seiten. Gebunden*
*ISBN 978-3-378-00691-1*

# Die Tochter der Wahrsagerin

Zwei Frauen in den Wirren und der Aufbruchstimmung der Zwanziger Jahre. »Es ist etwas in dir, das ihm den Tod bringt.« Nach einer Weissagung verlässt Maria den Mann, den sie liebt, einen außergewöhnlich begabten Maler. Allein versucht sie sich mit ihrem Kind als Wahrsagerin in einem Wanderzirkus durchzuschlagen. Als der Hunger während des Ersten Weltkriegs immer größer wird, bringt sie die kleine Mira in ein Kinderheim. Erst Jahre später treffen sich die beiden Frauen in wieder. Mira verachtet ihre Mutter. Sie verliebt sich in einen Kinopianisten, der sie mit einer revolutionären Gruppe bekannt macht. Doch dann taucht ein seltsamer Mann auf, ein Kunstmaler, dessen Geschichten und Ideen sie faszinieren.

*Mehr Informationen erhalten Sie unter*
*www.aufbau-verlag.de oder in Ihrer Buchhandlung*

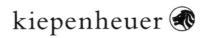

Kim Edwards
Der Hibiskushimmel
Erzählungen
Aus dem Amerikanischen von
Gesine Schröder und Milan Clauss
344 Seiten. Gebunden
ISBN 978-3-378-00687-4

# Das Wunder der Liebe

»Der Hibiskushimmel« ist die mitreißende Erzählung einer unerschrockenen Reisenden, die bei der Rückkehr nach Hause wertvolle Andenken aus anderen Ländern bei sich trägt. So bestaunen wir exotische Schauplätze und ganz und gar ungewöhnliche Schicksale. Wir lernen einen Feuerschlucker kennen, der in Liebe entflammt, die asiatische Braut eines Kriegsheimkehrers und eine geheimnisvolle Frau, deren Leben mit dem von Marie Curie verwoben ist. All diese Menschen stoßen an die Grenzen von Zeit, Ort und Lebenslage, auf der Suche nach dem größten Mysterium – dem Wunder der Liebe.

»Makellos, ein wahrer Schatz.« CHICAGO TRIBUNE

»Überwältigend.« THE BOSTON GLOBE

»›Der Hibiskushimmel‹ bezaubert seine Leser.« THE NEW YORK TIMES

**Weitere Titel von Kim Edwards:**
*Die Tochter des Fotografen. Roman. AtV 2444*
*Als Lesung mit Juliane Köhler. 4 CDs. DAV 978-3-89813-626-6*

*Mehr Informationen erhalten Sie unter*
*www.aufbau-verlag.de oder in Ihrer Buchhandlung*

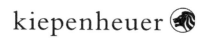

Frédérique Deghelt
**Die Liebe der anderen**
*Roman*
*Aus dem Französischen*
*von Anja Nattefort*
250 Seiten. Gebunden
ISBN 978-3-378-00686-7

# Eine Nacht. Eine Liebe. Ein neues Leben.

»Chérie, kümmerst du dich heute um die Kinder?« Fassungslos entdeckt Marie am Morgen nach ihrer ersten leidenschaftlichen Nacht mit Pablo, dass sie angeblich schon zwölf Jahre mit diesem attraktiven Unbekannten zusammenlebt und Kinder mit ihm hat. Heimlich rekonstruiert sie ihr unbekanntes Leben und das Glück, das nun nicht mehr selbstverständlich ist. Als sie entdeckt, welcher Schock für ihren Zustand verantwortlich ist, gibt sie sich und ihrem Mann die Chance, sich noch einmal ineinander zu verlieben. Mit einer wunderbaren Mischung aus Melancholie und Ironie erzählt Frédérique Deghelt von der Sehnsucht nach einer Liebe, die sich immer wieder neu erfindet.

»**Wahrhaftig eine Entdeckung**« MARIE CLAIRE

»**Ein höchst unterhaltsamer Roman, der Gewohnheiten und Erwartungen hinterfragt.**« LE MONDE

*Mehr Informationen erhalten Sie unter*
*www.aufbau-verlag.de oder in Ihrer Buchhandlung*

Renan Demirkan
Septembertee
oder Das geliehene Leben
*167 Seiten. Gebunden*
ISBN 978-3-378-01098-7

# Ein Leben?
# Viele Leben!

In ihrem 50. Lebensjahr steht Renan Demirkan am Grab ihrer Mutter in deren türkischem Heimatdorf, erinnert sich noch einmal an die gemeinsamen Jahre und fragt nach den Vorstellungen von Leben und Glück, die ihre Generation mit der ihrer Mutter zugleich verbanden und von ihr trennten. Demirkan kam als Siebenjährige nach der türkischen Staatskrise 1962 nach Deutschland, wuchs in Hannover auf und machte Karriere als Schauspielerin und Autorin. In diesem Buch zieht sie die bewegende und sehr persönliche Bilanz eines Migrantenlebens, das geprägt war von der Frage nach der Identität zwischen den Kulturen. Diese »zwei Leben in einer Haut«, so das Credo von Renan Demirkan, waren Last und Chance zugleich.

**»Man weiß selten, was Glück ist, aber man weiß meistens, was Glück war.«** Renan Demirkan

*Mehr Informationen erhalten Sie unter*
*www.aufbau-verlag.de oder in Ihrer Buchhandlung*

**Jennie Erdal**
**Die Ghostwriterin**
*Ich war sein Verstand und seine Stimme*
*Aus dem Englischen von Susanne Mecklenburg*
293 Seiten. Gebunden
ISBN 978-3-378-01099-4

# Ich war sein Verstand und seine Stimme

Als Jennie einen charmanten Bonvivant und Pascha der britischen Verlagswelt trifft, beginnt für sie ein neues Leben. Sie wird seine Vertraute, seine Begleiterin und – sein Verstand und seine Stimme. Denn sie kann, was er nur bedingt vermag: Worte perfekt einsetzen. Allmählich verfasst sie für ihn sämtliche Korrespondenz inklusive seiner Liebesbriefe, und schon bald plant er »seinen« ersten Roman mit ihr. Doch der literarische Wurf lässt auf sich warten: Jennie plagt ein Writer's Block, vor allem die immer wieder geforderten Liebesszenen bereiten ihr Schwierigkeiten.
Voller Humor und Esprit erzählt Jennie Erdal die unglaubliche Geschichte einer einzigartigen Symbiose von Mann und Frau.

**»Traurig, witzig und wunderschön geschrieben – großartig!«**
Sunday Times

**»Lesen Sie dieses wunderbare Buch!«** The Economist

*Mehr Informationen erhalten Sie unter*
*www.aufbau-verlag.de oder in Ihrer Buchhandlung*

**Bärbel Schäfer und Monika Schuck**
**Das Glücksgeheimnis**
*Paare erzählen vom Gelingen ihrer Liebe*
*Mit Fotos von Thomas Kläber*
*300 Seiten. Gebunden*
ISBN 978-3-378-01102-1

# In guten wie in schlechten Tagen

Trotz hoher Scheidungsraten, Rosenkriegen, Patchworkfamilien und Lebensabschnittspartnern – es gibt sie noch, die glückliche Beziehung. In diesem Buch erzählen langjährige Paare – prominente, nicht prominente, homo- wie heterosexuelle, kinderreiche und kinderlose – davon, wie sie ihr Zusammenleben so gestalten, dass Überdruss, Langeweile und Entfremdung keine Chance haben. Vom spannungsvollen Verhältnis zwischen Beruf und Privatleben etwa berichten die Schauspielerpaare Ann-Kathrin Kramer und Harald Krassnitzer sowie Sky und Mirja du Mont; eine Nonne erzählt von ihrer Beziehung zu Gott; ein Paar, das lange Zeit durch die Mauer getrennt war, schildert seinen Kampf um das Zusammensein. So sind bewegende und aufschlussreiche Einblicke in die Geheimnisse glücklicher Paare entstanden.

**Mehr von Bärbel Schäfer und Monika Schuck im AtV:**
*Ich wollte mein Leben zurück. AtV 2416*
*Die besten Jahre. Frauen erzählen vom Älterwerden. AtV 2497*

*Mehr Informationen erhalten Sie unter*
*www.aufbau-verlag.de oder in Ihrer Buchhandlung*

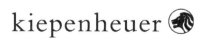

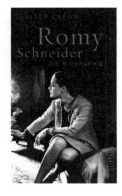

Günter Krenn
Romy Schneider
*Die Biographie*
*Mit 68 Abbildungen*
*416 Seiten. Gebunden*
ISBN 978-3-351-02662-2

# Die letzte Diva des 20. Jahrhunderts

Ihre Tragik war ein Dasein zwischen höchstem Ruhm und existentiellem Scheitern. Anders als andere Biographen zeichnet der renommierte Filmexperte Günter Krenn Romy Schneiders Leben nicht allein anhand ihrer Skandale nach, sondern nimmt ihre mehr als 60 Filme in den Blick. In unablässiger Folge drehte sie mit den berühmtesten Regisseuren ihrer Zeit, wie Claude Chabrol, Orson Wells, Luchino Visconti, und verausgabte sich dabei körperlich und seelisch völlig – getrieben von dem Ziel, das verhasste Image der »Sissi«-Filme loszuwerden. Krenn geht auch auf das komplizierte Verhältnis zwischen Star und Öffentlichkeit ein: Nur zu oft trennte Romy Schneider nicht zwischen privater und öffentlicher Tragödie, wovon sie medienwirksam profitierte und woran sie zugleich zerbrach.
Das faszinierende Leben einer Diva – brillant geschrieben und gestützt auf umfangreiches, teilweise bislang unerschlossenes Material sowie Gespräche mit Karlheinz Böhm, Volker Schlöndorff, Bertrand Tavernier, Jean Rochefort u. a.

*Mehr Informationen erhalten Sie unter*
*www.aufbau-verlag.de oder in Ihrer Buchhandlung*